KB203252

마가복음

웨슬리와 함께 읽는 사복음서 2

# 마가복음

2023년 5월 8일 처음 펴냄

지은이 | 존 웨슬리
옮긴이 | 양재훈
펴낸이 | 김영호
펴낸곳 | 도서출판 동연
등  록 | 제1-1383호(1992년 6월 12일)
주  소 | 서울시 마포구 월드컵로 163-3
전  화 | (02) 335-2630
팩  스 | (02) 335-2640
이메일 | yh4321@gmail.com
인스타그램 | instagram.com/dongyeon_press

ISBN 978-89-6447-890-5 04230
ISBN 978-89-6447-888-2(세트)

웨슬리와 함께 읽는
사복음서 2

Mark

# 마가복음

존 웨슬리 지음
양재훈 옮김·주해

동연

이 책은 신광감리교회 고인준 목사님과
성도님들의 후원으로 제작되었습니다.

# 역자 서문과 해설

## 1763년과 『신약성서주석』

1. 때는 1762년, 존 웨슬리가 감리회 운동을 본격적으로 시작한 지 어느덧 20년 남짓 흘렀다. 고교회(high church)의 답답한 틀에 질식해가던 영국의 소시민과 사회적 하층민들은 웨슬리의 혁신적인 신앙 운동에 크게 감명을 받아 그 운동에 합류했고, 웨슬리의 감리회 운동은 부흥의 길을 달리고 있었다. 그러던 중 영국 런던의 웨슬리 집회소인 파운더리에서 다소 혼란스러운 동요가 일어났다. 웨슬리를 따르던 지도자 중 하나인 토마스 맥스필드(Thomas Maxfield)라는 사람이 문제를 일으킨 것이다.

2. 토마스 맥스필드는 웨슬리를 추종하며 열성적으로 사역하던 인물인데, 그의 신앙적 성향은 다소 광적인 측면이 있었고 이로 인해 문제가 생긴 것이다. 당시 조지 벨(George Bell)이라는 사람이 1763년 2월 28일에 주님께서 재림하신다는, 소위 시한부 종말론을 주장했고 토마스 맥스필드가 이를 추종하여 감리회 신도회원들에게 영향을 끼쳤다. 이에 1762년 말에 웨슬리는 토마스 맥스필드에게 자중할 것을 수차례 권고하고 경고했다. 그러나 맥스필드는 자신의 주장을 굽히지 않고 웨슬리의 경고와 명령을 무시했다. 맥스필드가 그렇게 할 수 있었던 것은 실제로 많은 신도회원이 그의 말에 현혹되어 그를 추종했기 때문이었다.

3. 이윽고 1763년 2월 28일이 되었다. 웨슬리는 신도회원들에게 동요하지 말라고 말했고, 그날 자신은 평소와 다름없이 평안히 잠들었다.

나는 스피탈필드에서 "그대의 하나님을 만날 준비를 하라"라는 제목으로 저녁에 설교했다. 나는 설교에서 그날 밤에 세상의 종말이 온다는 생각이 얼마나 말도 안 되는 소리인지 말해주었다. 하지만 내가 그렇게 말했음에도 많은 사람은 그런 말에 현혹되거나, 설령 종말이 아니라 하더라도 런던이 지진으로 폭삭 주저앉을지도 모른다는 생각에 빠져서 잠자리에 들기를 겁냈고, 어떤 이들은 들판을 배회했다. 그러나 나는 평소에 하던 대로 밤 10시경에 깊이 잠에 빠져들었다(1763. 2. 28. 일지).

그날 주님은 재림하지 않으셨고, 많은 사람의 염려와 달리 아무 일도 일어나지 않았다. 그러나 그날 많은 사람이 혹시나 하는 마음에 불안에 떨며 방황했다.

4. 그러나 이 일로 인한 후유증은 적지 않았다. 500명이 넘는 사람들이 맥스필드의 말에 현혹되어 넘어갔고, 웨슬리의 일지에 따르면 106명의 신도회원이 결국 이 사건으로 감리회와 결별하고 떠나갔다. 이 사건으로 인해 웨슬리와 그의 동료들은 왜 이런 문제가 생겼는지 고민했고, 앞으로 이런 어처구니없는 일이 발생하지 않도록 조치할 필요를 느꼈다.

5. 이 사건이 끝난 뒤, 맥스필드 사건처럼 잘못된 가르침을 주는 설교자를 미리 막기 위해 1763년에 열린 연회(Conference)에서는 평신도 설교

가와 감리회 운동의 설교가들이 지켜야 할 설교 지침을 정했다. 이것이 바로 〈설교가들을 위한 모범 고시문〉(Model Deed for Preaching-house)이었다. 이 모범 고시문의 내용은 아래와 같다.

위에서 언급한 사람들이 설교할 때는 웨슬리 목사의 『신약성서주석』(Notes upon the New Testament)과 네 권으로 이루어진 설교들에 담긴 교리 이외의 다른 교리를 설교해서는 안 된다.

6. 위에서 언급된 『신약성서주석』은 1754년에 출간된 그의 주석이고, 네 권으로 이루어진 설교라는 것은 1746년, 1748년, 1750년 그리고 1760년에 걸쳐 각각 만들어진 총 네 권의 설교집, 즉 그 유명한 44편의 설교가 담긴 『표준설교』(44 Standard Sermons)를 말한다. 그리고 이제 우리가 읽게 될 이 책이 바로 여기에서 언급된 『신약성서주석』이다.

7. 웨슬리의 44편의 『표준설교』는 최근 들어 많은 웨슬리언(Wesleyans)이 읽고 공부하기도 한다. 『표준설교』는 웨슬리를 연구하는 학자들이 많이 애용하고 연구하는 텍스트다. 그러나 그의 『신약성서주석』은 아쉽게도 그렇지 못하다. 『표준설교』나 그의 『일지』(Journals)는 두루 번역되었고 널리 읽힌다. 하지만 『신약성서주석』은 제대로 번역된 것조차 찾기 어렵다. 모범 고시문의 문구, 즉 감리교에서 설교하려면 그의 『표준설교』는 꼭 읽어봐야 한다는 말은 감리회 목사라면 한 번쯤 들어봤을 것이다. 그러나 안타깝게도 『표준설교』보다 먼저 언급된 『신약성서주석』은 잊혔다.

8.『신약성서주석』은 웨슬리가 쓴 성서 주석 중에서 신약 부분을 가리킨다. 그는『구약성서주석』과『신약성서주석』을 모두 다 썼다. 모범고시문에서 왜『구약성서주석』은 언급하지 않았는지는 모른다. 그러나 그의 성경 주석이 창세기부터 요한계시록에 이르는 성경 66권을 모두 아우른다는 점은 기억해야 한다.

## 『신약성서주석』의 탄생 배경

1. 1753년 11월, 웨슬리는 자기 죽음이 다가오고 있음을 느꼈다. 그는 매우 심한 기침과 고열로 무척 고생하고 있었고, 기력은 점점 쇠해 갔다. 그는 그런 건강 상태에도 여전히 이곳저곳을 여행하면서 설교하고 성례를 집행해야만 했다. 하지만 기력이 다한 환자에게서 제대로 목소리가 나올 리가 없었다. 의사는 그에게 당장 사역을 내려놓고 시골로 내려가서 요양하라고 권고했다.

2. 건강으로 인해 크게 지친 웨슬리는 1753년 11월 26일 일지에 자신이 죽고 난 후 무덤 묘비에 적힐 문구를 마치 유언처럼 적어놓았다.

존 웨슬리 여기에 눕다.
타는 불에서 건져낸 막대기,
나이 51세에 몸을 다 쓰고 죽었네.
빚을 모두 갚고 나니, 10파운드만 남았네
기도하옵기는, 하나님께서 무익한 종인 내게 자비를 베푸시기를!

이처럼 웨슬리는 자기 생이 마지막에 이르렀다고 심각하게 생각했다.

3. 하지만 다행스럽게도 그의 건강은 12월부터 빠르게 회복되었다. 자기가 거의 죽다 살아난 것을 느낀 웨슬리는 기다렸다는 듯이 밀린 저술 작업에 들어갔다. 『기독교 문고』(Christian Library)에 들어갈 목록 정리를 마무리하고 곧바로 일지를 출판하기 위한 작업에 들어갔다. 그리고 이 듬해 1754년 1월, 『신약성서주석』을 쓰기 시작했다. 그는 1월 6일 일지에서 다음과 같이 적고 있다.

> 나는 신약성서주석을 쓰기 시작했는데, 이 작업은 사실 내가 여행하거나 설교할 수 없을 만큼 아프지만 않았었더라도 시도하지 않았을 일이었다. 하지만 이제는 읽고 쓸 수 있을 만큼 나아졌다.

4. 『신약성서주석』서문에서 볼 수 있듯이, 웨슬리는 이 주석을 쓰는 것에 대해 머뭇거려왔다는 것을 우리는 알 수 있다. 그 이유는 "자기 능력의 한계를 깊이 느꼈기" 때문이었다. 웨슬리는 옥스퍼드대학에서 신학을 배우고 거기에서 학생들을 가르쳤던 사람이었다. 그는 신학 대학을 졸업한 후 서품을 받고 고향 엡워스 근처인 루트(Wroot)에 있는 성 판크라스교회(St. Pancras' Church)에서 목회한 경험도 있었다. 게다가 옥스퍼드대학 링컨 컬리지에서 신성클럽(holy club)으로 후배이자 제자들을 양육했고, 그들과 함께 미국 조지아주 식민지에 가서 선교사로서 영국 이민자들과 아메리카 원주민을 대상으로 목회 활동을 한 경험도 있었다.

5. 그런데도 웨슬리는 신약성서로 주석을 쓰기에 자신의 부족함을

느꼈고, 이 일을 어떻게든 피해 보려고 했다. 무엇 때문에 그가 '능력의 한계'를 깊이 느꼈는지 정확히 알 수는 없다. 1736년 1월 말, 미국 선교를 위해 가던 중 대서양에서 경험했던 끔찍한 풍랑 사건 당시 웨슬리는 목숨의 위험 앞에서 극심한 공포와 두려움을 느꼈다. 하지만 이번에는 달랐다. 1753년 말, 죽음의 시간이 다가오는 것을 느끼면서도 그는 죽음에 대한 공포나 두려움으로 떨지 않았다. 이러한 모습은 이제 50대가 된 그가 30대 시절의 연약함을 이미 극복했음을 보여주며, 따라서 그 '능력의 한계'가 실존적 한계 자각을 뜻한다고 보기는 어렵다.

6. 그가 『신약성서주석』을 쓰기 시작한 1754년보다 대략 5년 전인 1748년 여름 그는 무척 심하게 앓다가 그레이스 머레이(Grace Murray)라는 한 여인의 극진한 간호로 회복된 일이 있었다. 그는 머레이를 무척 사랑했으나 동생 찰스 웨슬리는 이 두 사람의 관계를 좋게 보지 않았고, 결국 찰스는 그녀를 뉴캐슬로 데리고 가서 존 베넷(John Bennet)과 결혼시켰다. 이 일로 존 웨슬리는 크게 실연했고 마음의 상처를 받았다. 그로부터 머지않아 그는 돈 많은 과부였던 메리 바제일(Mary Vazeille)을 만나 1751년 2월 결혼했다.

7. 사바나 선교사 시절 소피아 홉키(Sophia Hopkey)와의 스캔들로 큰 곤욕을 치렀던 웨슬리가 그레이스 머레이 실연 사건으로 한 번 더 상처를 겪고 난 후 메리 바제일과 안정된 가정을 꾸리는 듯했다. 그러나 웨슬리의 결혼 생활은 그다지 평탄하지 않았다. 웨슬리는 가정보다는 사역이 더 우선이었고, 메리 바제일은 그것에 불만을 느꼈다. 특히 웨슬리가 사역을 핑계로 다른 여성들과 자주 교류를 하는 것은 아내 메리에게 있

어서 도저히 참을 수 없는 일이었다. 웨슬리는 그것을 단지 사역이라고 우겼지만, 아내의 입장에서 볼 때 그의 행동은 잘못된 것이었다. 하지만 웨슬리는 자신의 행동을 잘못된 것으로 생각하지도 않았고, 아내에게 사과는커녕 도리어 큰소리를 쳤다.

8. 웨슬리가 주석을 작업하던 앞뒤 시기가 웨슬리 사생활에서는 이런 어려움과 갈등이 한창일 때였다. 그래도 웨슬리는 공적으로 열심히 사역하고 있었고, 가정 문제로 인한 갈등에 대해 죄의식을 크게 느낀 것으로 보이지는 않는다. 따라서 그가 주석 저술 작업을 꺼렸던 이유가 이러한 사적인 생활의 문제로 신앙 양심에 어떤 거리낌이 있었기 때문이라고 보기도 다소 어려울 듯하다. 그렇다면 결국 이는 순수하게 자신의 지혜가 부족하다는 겸손의 탓으로 돌릴 수밖에 없을 듯하다.


### 웨슬리 『신약성서주석』 서문

1. 웨슬리는 주석 서문에서 이 글을 평범한 대중을 위해 썼다고 밝힌다. 그는 학식이 부족한 사람도 이해할 수 있도록 내용과 표현을 다듬었다. 특히 "하나님의 말씀을 깊이 경험하지는" 못했지만, 그 마음에 말씀을 사모하고 자기 영혼의 구원에 간절함을 느끼는 사람이 이 책의 주요 독자임을 밝힌다. 따라서 그는 될 수 있는 한 평이하게 이 주석을 쓰려고 했다.

2. 실제로 이 주석의 내용이 그리 어렵거나 복잡하거나 심오한 내용

은 아니다. 주석이 어떤 구절에서는 깊게 그리고 장황하게 논의하기도 하지만 대부분은 그리 길지도 않고, 그 내용도 난해하거나 심오하지는 않다. 이는 깊이 있는 신학적 논의를 하거나 어떤 구절이나 표현, 신학적 주제를 두고 치열하게 학문적인 고찰을 통한 논의를 하려는 것이 이 책의 목적이 아님을 잘 보여준다. 웨슬리가 언급했듯이, "주석이 도리어 성경 본문의 의미를 흐리거나 압도해버리지 않도록" 했다.

3. 이로 미루어볼 때, 웨슬리가 이 책을 쓴 목적은 자기의 표현대로 복음의 초심자라고 하더라도 성경 말씀을 이해하는 데 큰 어려움이 없도록 하는 것에 있다. 따라서 웨슬리는 주석의 본질적인 기능, 즉 성경 본문을 제대로 그리고 정확하게 잘 이해할 수 있도록 보조적으로 돕는 기능을 살리는 것을 이 책의 중점으로 두었다.

4. 이 주석은 웨슬리가 처음부터 끝까지 본인의 창의적인 생각으로 쓴 것이 아니다. 그가 밝히듯이 벵겔리우스, 헤일린, 거이스, 닷드릿지 등이 저술한 책과 주석에 많이 의지했다. 심지어 어떤 부분에서는 "옮겨 적기도 했고, 더 많은 경우에는 요약했다." 과연 얼마나 많은 부분이 웨슬리 본인에게서 전적으로 나온 것인지 알 수는 없지만, 분명한 것은 그가 여러 명의 주석가나 저술가에 의존한다는 사실이다.

5. 그렇다고 이 주석이 웨슬리와 다소 거리가 멀어지는 것은 아니다. 비록 여러 곳에서 다른 저술가들의 글을 인용하고 의지하지만, 이것은 웨슬리가 그들의 해석이나 생각에 동의한다는 것을 뜻한다. 따라서 웨슬리가 다른 이들의 글을 많이 의존하기 때문에 그의 해석과 신학을 이

책에서 찾아보는 것이 어렵다고는 말할 수 없다.

6. 『표준설교』는 웨슬리의 신학적 색깔과 흔적이 상당히 많이 나타나며, 그 내용도 다양한 신학적 주제를 다루고 있다. 이런 이유로 웨슬리를 연구하는 많은 이가 이 『표준설교』를 연구 대상이나 주장의 근거로 사용한다. 또한 웨슬리가 남긴 다른 설교문, 일지, 연회 회의록, 그리스도인의 완전이나 성도의 견인 등과 같은 주제를 다루는 논문들은 웨슬리의 신학적 세계와 그의 생각을 엿보기에 좋은 자료들이다. 그의 신약주석도 비록 남의 해석과 생각을 많이 의지하기는 하지만, 그의 신학적 세계관이 담긴 좋은 웨슬리 연구 자료이다.

7. 웨슬리의 이 주석은 약 300년 전에 출간되었다. 오늘날 성서 연구는 발전된 다양한 해석학적 방법론들이 활용되고, 수많은 정보가 교환되고 언제든지 쉽게 접근할 수 있는 환경에서 이루어진다. 그러나 요즘과는 달리 웨슬리 당시에는 성서비평학이라는 학문도 그리 많이 발달하지 않았고, 성서를 해석하기 위한 근대나 현대 방법론적인 틀도 정립되기 이전이었다. 따라서 웨슬리의 이 주석을 최근의 주석들과 비교하여 우열을 가늠하는 것은 적절해 보이지 않는다. 더구나 앞서 언급했듯이 이 주석이 그런 토론을 하기 위해 만들어진 것이 아니므로 이런 비교는 더더욱 무의미하다.

8. 따라서 이 책의 독자들은 이 주석을 통해 성서 본문의 정확한 학문적 분석이나 최신의 정보 등을 부족함 없이 얻을 것이라 크게 기대하면 안 된다. 만일 이런 것을 원한다면, 정확하고도 풍부한 현대 과학

기술의 도움을 받아 다양한 학문적 해석 접근 방식으로 텍스트를 치밀하게 분석하는 최신의 학문적 주석서를 보면 된다. 물론 그렇다고 해서 이 책에서 웨슬리가 내놓은 본문 주석이나 텍스트 해석이 형편없다거나 신뢰도가 떨어진다거나 성경을 이해하는 데에 그다지 도움이 안 된다고 생각하는 것은 적절하지 않다. 비록 300년 전의 주석이지만 웨슬리는 이 주석 곳곳에서 상당히 정확한 정보를 전달하기도 하고, 텍스트를 신선한 시각으로 해석하기도 한다.

9. 이 책은 오늘날의 평신도나 목회자들이 참고하면 성경을 해석하는 데 적잖은 도움을 받을 수 있는 유용한 주석이기도 하다. 그러나 웨슬리의 주석만을 의지하지 말고 최신의 학문적 주석도 병행해서 보면 좋을 것이다. 오히려 이 주석은 웨슬리를 연구하는 이들에게 좋은 자료가 될 것이다. 이 주석 곳곳에서 웨슬리의 신학적 세계를 엿볼 수 있고, 이것을 통해 웨슬리의 신학과 그가 주장했던 중요한 신학적 주제들을 이해하는 데 도움을 받을 수 있기 때문이다.

## 웨슬리『신약성서주석』번역의 탄생

1. 이 책의 번역은 2014년으로 거슬러 올라간다. 2010년 전후로 내가 사역하는 협성대학교 신학대학원에서 웨슬리의『표준설교』를 새로 번역하고 모든 학생에게 가르치고 있었다. 그러던 중 나는『표준설교』뿐만 아니라『신약성서주석』도 가르쳐야겠다고 생각했다. 그러나 아쉽게도 번역본을 찾을 수 없었다. 결국 나는 학생들과의 수업을 위해서

직접『신약성서주석』을 번역했다. 한 학기 동안 공부할 수 있는 분량은 복음서였다. 물론 빠르게 훑고 지나가면 요한계시록까지 다룰 수 있었겠으나, 큰 욕심 없이 우선 복음서 부분을 찬찬히 살펴보기로 했다.

2. 한 학기를 마친 후 이 책을 출판하면 좋겠다는 생각이 들었다. 그러나 출판에 여러 가지 현실적인 어려움도 있었고, 조금 더 잘 다듬어서 출판하면 좋겠다는 생각이 들어 차일피일 미루고 있었다. 그러나 내가 이전에 번역하고 주해했던 웨슬리의 산상수훈 책을 읽은 많은 목회자가 새로운 웨슬리의 문헌을 볼 수 있으면 좋겠다고 거듭 요청했다.

3. 결국 나는 그분들의 요청을 더 이상 외면할 수 없어서 내 '능력의 한계와 부족함'에도 불구하고 이 번역을 다시 다듬었다. 이미 번역을 완성했으나 좀 더 다듬는 데 1년 정도가 더 소요됐다. 그렇지만 여전히 나는 부족함을 인정하지 않을 수 없다. 하지만 그렇게 계속 미루다가는 끝나지 않으리라는 생각에 용기를 내어 일단 복음서 부분만이라도 출판하기로 했다.

4. 이 책이 출판되는 과정에서 여러 사람이 도움을 주었다. 무엇보다도 신광감리교회 고인준 목사님과 성도님들의 도움이 없었더라면 이 책은 출판하기 어려웠을 것이다. 신광감리교회는 내가 목회자들과 함께 교인들을 대상으로 웨슬리『표준설교』공부를 인도했던 교회이다. 나는 신학대학원 학생들에게만『표준설교』를 가르치는 것이 참 아깝다는 생각을 했고, 이에 고인준 목사님과 대화하는 중에 목회자의『표준설교』공부 이야기가 나왔다. 이 대화에서 우리는 웨슬리의『표준설교』

를 교회에서도 공부했으면 좋겠다는 의견을 주고받았고, 이렇게 학교에만 있던 웨슬리는 교회 안으로 들어오게 되었다.

5. 나는 약 1년간 매주 토요일 신광감리교회 사역자들의『표준설교』공부를 인도했고, 이듬해에 이 사역자들이 "웨슬리 아카데미"라는 이름으로 평신도들의 공부 모임을 이끌었다. 이렇게 해서 신광교회는 한국에서 처음으로 평신도를 대상으로 한『표준설교』학교를 연 교회가 되었다. 그 결과 아드 폰테스 웨슬리 그룹을 통해 이 운동이 퍼졌고, 지금까지 원주와 강릉, 안산 등 우리나라 곳곳의 감리교회에서 웨슬리의『표준설교』를 공부하는 목회자 모임과 평신도 모임이 진행되고 있다.

6. 진정한 웨슬리언답게, 그리스도께서 사신 것처럼 살고자 노력하는 사람들의 모임인 신광감리교회가 이 주석 출판에 도움을 준 것은 무엇보다 감리교회를 사랑하고 선한 영향력을 끼치고자 하는 순수한 마음에서 비롯된 것이다. 이들의 귀한 헌신이『표준설교』확산 운동에 이어 또 하나의 불씨가 될 수 있도록 하나님께서 도와주시기만을 간절히 바란다.

# 신약성서주석 서문

1. 여러 해 동안 나는 독서를 하거나 사색을 하거나 대화를 나누는 가운데 내 마음속에 일었던 것들을 정리해서 남겨야겠다는 생각을 해왔다. 이렇게 하면 신약성서를 이해하는 데 어려움을 겪는 신실한 사람들을 도울 수 있을 것으로 생각했다. 하지만 내 능력의 한계를 깊이 느껴서 이러한 시도를 자꾸 미뤄왔다. 그 한계라는 것은 내가 부족하다는 것, 즉 그런 작업을 하기에는 내 배움이 부족하고, 무엇보다 내 경험과 지혜가 부족하다는 것이었다. 그래서 나는 종종 생각을 내려놓곤 했다. 하지만 사람들이 끈질기게 요청을 해와서 나는 이 일을 드디어 다시 시작하게 되었다. 그러나 여전히 나는 할 수만 있다면 내 작업과 내 삶의 모습이 서로 합치될 때까지 (이것이 하나님을 기쁘게 해드리는 일이라면) 이 일을 늦추려고 한다.

2. 그러던 중 최근에 나는 하나님으로부터 일어나서 가라는 큰 부르심의 음성을 들었고, 이에 나는 이런 일을 하려고 한다면 더 이상 뒤로 미뤄서는 안 된다는 확신을 하게 되었다. 내 젊은 시절은 아주 많이 흘러갔고 이제 황혼의 때가 저만치 다가왔다. 나는 이에 대해 뭔가 달리 할 수 있는 것도 없으니 그저 비록 작더라도 내가 할 수 있는 것을 이런 식으로라도 해야겠다고 생각했다. 나는 설교를 하며 여기저기 많이 돌아다니느라 지금 몸이 약해졌기에 이런 방식 외에는 딱히 할 수 있는

것이 없다. 하지만 하나님께 감사하옵기는, 내가 아직도 읽을 수 있고 글을 쓰고 생각할 힘은 남아 있다는 것이다. 오, 이것이 주님께 영광이 되기를!

3. 내가 앞서 말한 것, 무엇보다도 이 주석을 보면 이 글이 학식이 높은 사람들을 대상으로 쓴 것이 아니라는 것은 쉽게 알 수 있다. 학식이 높은 사람들은 다른 도움들을 많이 받을 수 있다. 또한 이 주석은 살아오면서 오랫동안 하나님의 말씀을 깊이 경험한 사람들을 위해 쓴 것도 아니다. 나는 그런 사람들의 발치에 앉아서 그들에게서 배우고 싶다. 내가 이 주석의 독자로 생각한 것은 주로 배우지 못한 사람들, 자신의 모국어에만 의존해서 겨우 이해할 수 있는 사람들, 그런데도 하나님의 말씀을 경외하고 사랑하는 사람들, 자신의 영혼 구원에 강한 열망을 가진 사람들이다.

4. 내가 할 수 있는 방식과 정도로 그들을 돕기 위해서 나는 우선 성경 본문 대부분을 평범한 영어 번역으로 적어두었다. 내가 생각하기에 이 번역은 일반적으로 지금까지 내가 봐 왔던 것 중에서 가장 좋은 번역이다. 그렇다고 해서 그 번역들이 어떤 곳에서는 성경 원문의 의미를 제대로 전달하지 못한다는 말은 아니다. 또한, 나는 이 영어 번역이 기초로 삼고 있는 헬라어 사본들이 항상 가장 정확하다고 확신하지도 않는다. 따라서 나는 필요하다면 곳곳에서 조금씩 바꾸는 수정 작업을 임의로 할 것이다.

5. 나는 이러한 방식이 반대에 부딪힐 수도 있다는 것을 잘 안다. 아

니, 정반대 종류의 저항에 맞닥뜨릴 수도 있다는 점도 잘 알고 있다. 어떤 사람들은 성서 원문이 너무 많이 바뀌었다고 생각할는지 모른다. 혹은 어떤 사람들은 도리어 너무 적게 바뀌었다고 말할지도 모른다. 너무 많이 바뀌었다고 생각하는 사람들에게 말하고 싶은 것은, 내가 어떤 곳에서 그렇게 할 때 단지 바꾸기 위해서 바꾸는 것이 아니라는 점이다. 오히려 그 의미가 문맥에 맞도록 더 잘, 더욱 그 의미가 확실하고도 분명하게 하고자 할 때만 그렇게 했다는 것을 밝혀두고 싶다. 둘째로 이렇게 하든 저렇게 하든 그 의미가 똑같이 다 좋다면 원문의 의미를 더 잘 반영하고 원문에 더 가까운 번역을 선택했다. 혹시 내가 너무 적게 바꾼다고 생각하는 사람들에게 혹은 내 번역이 여전히 원문에 가깝다고 생각하는 사람들에게 나는 그들의 지적이 사실이라고 답변하겠다. 어쩌면 그들 말대로 그럴 수 있다는 것을 나도 알고 있다. 하지만 그런 사소한 변개를 많이 한다고 해서 딱히 성경 본문의 의미가 분명하게 드러나는 것도 아니고 확실해지는 것도 아니라면 그렇게 한들 무슨 유익이 있겠는가? 나는 그럴 생각이 별로 없다. 왜냐하면 걱정스럽게도 고대의 언어에 대한 우리의 번역에 특히 엄숙하거나 존경할 만한 것이 있는지는 내가 알지 못하기 때문에 더욱 그러하다. 어쩌면 이것이 내가 오해하는 것일 수도 있고, 혹은 인간적인 불완전함을 보여주는 예가 될 수도 있겠다. 하지만 우리가 그동안 익숙해졌던 것들과 결별하는 것이 힘든 일이라는 정도의 핑계는 불완전한 인간으로서 댈 수 있는 핑계가 아니겠는가? 또한, 우리의 영혼에 힘을 불어넣어 주시고 위로를 주시기 위해 하나님께서 사용하신 바로 그 말씀들을 사랑하기에 그렇게 한 것이라고 핑계를 댄다면, 불완전한 인간으로서 그 정도의 핑계는 대도 되지 않겠는가?

6. 나는 될 수 있는 대로 주석을 짧게 달아놓았다. 그래서 그 주석이 도리어 성경 본문의 의미를 흐리거나 압도해버리지 않도록 하였다. 또한, 나는 내가 주로 의도하는 바를 전달하기 위해서, 배움이 짧은 독자들을 돕기 위해서 될 수 있는 대로 평범하게 썼다. 이러한 이유에서 나는 모든 호기심을 일으키거나 비평적인 질문들은 신중하게 피하였다. 그리고 나는 유식한 언어를 사용하려고 하지도 않았다. 그뿐만 아니라 지극히 평범한 삶을 사는 사람들에게 익숙하지 않은 모든 이성적 사고의 방법론들이나 표현 방식들도 될 수 있는 대로 피했다. 도리어 나는 이러한 목적을 위해서 질문을 던지고 답하는 방식으로 하려고 하였다. 그래서 나는 일부러 많은 어려운 것들에 깊이 빠져들지 않으려 했고, 그래서 일반 독자들을 내 뒤에 덩그러니 남겨두는 오류를 범하지 않도록 하였다.

7. 나는 한때 영감을 준 저술가들을 제외하고는 다른 어떤 것에 의존하지 않고 내 마음에 일어나는 것만 적어내려고 했었다. 하지만 기독교 세계의 위대한 빛이라 할 수 있는 벵겔리우스(Bengelius)를 알게 된 이후로 (최근에 그는 별세했다)[1] 나는 내 모든 계획을 완전히 바꾸어서 그의 『신약성서지침』(Gnomon Novi Testamenti)을 그저 번역하는 것이 그것에 대한 여러 권의 책을 저술하는 것보다 더욱 기독교를 위하는 일이라는 분명한 확신을 하게 되었다. 따라서 나는 그의 주석 가운데 훌륭한 부분은 많이 번역하였다. 더 많은 부분은 내가 요약하였고, 완전히 비평적인 부분은 삭제하였으며, 그 외에 나머지 부분들은 요지를 설명하였다. 이 방대한 분량의 내용물들에서 그는 상당히 많은 주요 고대 사본과 그 번역을 보여주는데, 나는 어떠한 주저함도 없이 그의 본문들을 성서 텍스트와 섞어

놓았다. 나는 그가 했던 방식대로 모든 본문을 문맥의 의미가 통하도록 내용에 따라서 크거나 작은 덩어리로 묶어서 나누었다(물론 그렇다고 해서 일반적으로 사용하는 장과 절의 구분 표기를 없애버리지는 않았다. 이것들은 여러 면에서 유용하기 때문이다.). 이러한 시도를 해보지 않은 사람들은 이해하기 힘들겠지만, 이러한 방식은 여러 곳에서 아주 큰 도움이 된다.

8. 나는 또한 헤일린(Heylin) 박사의 신학 강의에 유익한 도움을 받았다. 거이스(Guyse) 박사와 작고하신 다드릿지(Doddridge) 박사—이 분은 참 경건하고 학식이 높은 분이셨다—의 『패밀리 익스포지터』(Family Expositor)에도 많은 도움을 받았다. 나는 때때로 내가 참조한 글을 쓴 사람들의 이름을 매번 인용할 때마다 달아놓아야 하는지 고민이 되었다. 특히 내가 그것들을 옮겨 적기도 했고, 더 많은 경우에서는 요약했는데, 그때 대부분 그 저술가들이 한 말을 이용해서 그렇게 했다는 점을 생각하면 더욱 그런 고민이 들었다. 하지만 조금 더 생각해 보니 그들의 이름을 일일이 쓰지 않아도 되겠다는 생각이 들었다. 왜냐하면 그렇게 해야만 독자들이 내용에 좀 더 집중할 수 있을 것 같기 때문이었고, 또한 그 글을 쓴 사람의 명성에 의존하지 않고 오로지 그 글의 내용 자체가 담고 있는 가치를 독자들이 얻으리라 생각했기 때문이었다.

9. 이처럼 매우 어려운 작업을 하면서 내가 전혀 실수하지 않았다고 생각할 정도로 나는 자신만만하고 싶지 않다. 그러나 나 자신의 양심에 비추어 볼 때, 나는 성경 말씀 가운데 그 어떤 하나라도 일부러 왜곡하는 잘못은 저지르지 않았다고, 그리스도인들의 마음에 불을 질러서 서로를 적대시하려는 목적으로 쓴 것은 단 한 줄도 없다고 당당하게 말할

수 있다. 하나님께서는 가장 온유하시고 자애로우신 예수님의 말씀을 그런 독을 퍼뜨리는 도구로 사용하는 것을 금하신다. 모든 당파의 이름이나 비성경적인 문구나 양식은 그리스도인들의 세계를 나누어놓았는데, 하나님께서 이 모든 것을 잊어주시길 바랄 뿐이다. 또한, 우리 모두 한마음을 가지고 겸손하고 사랑이 넘치는 제자들처럼 우리 모두의 주님 발 앞에 함께 모여서 그분의 말씀을 듣고 그분의 성령을 들이마시며, 그리하여서 그분의 삶을 우리 자신의 삶에 그대로 옮겨 놓게 되기를 간절히 바랄 뿐이다.

10. 일반적으로 성경 말씀이라는 것을 생각해보았을 때, 우리는 살아계신 하나님의 말씀, 그 옛날 첫 족장들에게 명하셨던 그 말씀을 모세의 시대에는 글로 기록되도록 하셨다는 것을 알 수 있다. 그 이후에 몇 세대에 걸쳐서 이렇게 기록되기 시작한 말씀들에 성령의 영감을 받은 다른 선지자들의 글이 덧붙여지게 되었다. 그 후에 하나님의 아들이 선포하시고 성령께서 말씀하셨고, 사도들과 복음서 저자들이 쓴 것이 더해져서 오늘날 우리가 성경이라고 부르는 모양새를 갖추게 되었다. 이 것이 영원히 남을 하나님의 말씀이다. 천지는 없어지겠으나 이 말씀의 일점일획도 사라지지 않을 것이다. 따라서 성경이라고 함은 구약과 신약을 가리키는 것이며, 이 말씀은 굳건하고 소중한 하나님의 진리 체계이다. 그러므로 이 성경 말씀의 모든 부분은 하나님과 같으며, 하나의 온전한 몸이다. 이 몸에는 어떠한 모자람도 더 넘치는 것도 없다. 이것은 하늘 지혜의 샘이며, 이 샘물을 맛볼 수 있는 자는 제아무리 지혜롭고 학식이 높고 거룩하다고 하는 그 어떠한 인간이 만들어 낸 모든 글보다 이 말씀을 더욱 사모하게 된다.

11. 영감을 받은 저자들은 진리에 대한 정확한 지식과 더불어 빈틈없는 논쟁들과 그 의미들에 대한 정확한 표현 그리고 그에 걸맞은 진정한 애정도 함께 담아 두었다. 각 권의 성경마다 담겨있는 일련의 논쟁은 목차에 서문으로 간략하게 달아놓았다. 거기에는 그것들에 관한 내용 요약이 담겨있으며, 각 장에 매번 이런 논쟁을 서문으로 달아놓는 것보다 이렇게 하는 것이 차라리 더 유용할 것이다. 신약성경을 장별로 나누어 놓는 것은 중세 암흑기 시절에 한 것인데, 사실 이는 매우 부정확하다. 즉, 매우 밀접하게 연결된 것들을 나눠 놓기도 했고, 완전히 서로 분리되어야 하는 것을 도리어 붙여놓기도 했다.

12. 성경 말씀의 언어들을 살펴볼 때, 우리는 아주 깊게 들어가기도 하겠지만 또한 아주 쉽게 할 것이다. 인간적인 모든 우아한 평정심은 이 말씀 앞에서 아무것도 아닌 것이 된다. 하나님께서는 사람처럼 말씀하지 않으시고 하나님으로서 말씀하신다. 그분의 생각은 매우 깊고, 그 말씀은 한없는 덕을 갖추고 있다. 그 말씀을 전달하는 자들이 사용했던 그 언어도 매우 높은 수준으로 되어 있다. 왜냐하면 그들에게 주어진 말씀들은 그들의 마음에 정확하게 아로새겨져서 응답된 것들이기 때문이다. 이러한 점에서 루터는 "신성은 다름 아닌 성령의 언어의 문법이다"라고 말했다. 이 점을 온전히 이해하기 위해서 우리는 모든 말씀에 담긴 강조점들을 자세히 살펴볼 것이다. 그 말씀에 표현된 거룩한 사랑, 모든 저자의 손을 통해서 드러내신 거룩한 성품을 살펴볼 것이다. 아무리 작은 것이라 하더라도, 특히 거룩한 성품에 대해서는 아무리 작게 드러난 것이라 하더라도 꼭 살펴볼 것이다. 비록 이것들이 모든 신약성경에 아주 훌륭하게 흩어져 녹아있지만, 참으로 그 말씀들은 행동하시

고 말씀하시고 손으로 쓰시는 그분의 끊임없는 권면의 말씀이다.

13. 신약성경은 새로운 약속이 기록된 거룩한 글이다. 이 책의 전반부는 복음서 저자들과 사도들의 글을 담고 있으며, 후반부는 예수 그리스도의 계시를 담고 있다. 전반부에는 먼저 예수 그리스도께서 육신의 몸으로 이 땅에 오신 것에서 시작하여 하늘로 올라가시기까지의 모든 역사를 전한다. 그다음에는 그분의 승천으로부터 시작하여 그리스도인의 교회 역사를 담고 있다. 계시록은 모든 만물이 다 이루어질 때까지 그리스도에 대하여, 교회에 대하여, 온 우주에 대하여 앞으로 이루어질 일들을 다룬다.

브리스톨 핫(Bristol Hot)에서
1754년 1월 4일

# 차 례

# 마가복음

# 마가복음 개요

## 구조

### I. 복음의 시작

    a. 요한이 길을 준비하다 1:1-8

    b. 예수께서 세례를 받으시고 하나님의 아들로 선포되시다 1:9-11

    c. 사탄에게 시험을 받고 천사들이 시중을 들다 1:12-13

### II. 복음의 내용

A. 갈릴리에서: 여기에서 우리는 세 개의 기간을 발견할 수 있다

    a. 요한이 옥에 갇힌 후에

    — 펼쳐지는 평범한 이야기들

      1. 예수께서 설교하시는 장소와 내용들 1:14-15

      2. 사도 중에 몇 명을 부르심 1:16-20

    — 펼쳐지는 특별한 이야기들

1. 예수의 적대자들이 그분의 행동에 대적하지 않다

   1) 권위를 가지고 가르치시다 1:21-22

   2) 귀신 들린 자를 고치시다 1:23-28

   3) 많은 병자를 고치시다 1:29-34

   4) 기도하시다 1:35

   5) 곳곳에서 가르치시다 1:36-39

   6) 나병환자를 치유하시다 1:40-45


2. 예수의 적대자들이 그분의 행동에 대적하다. 여기에서 일어나는 사건은

   1) 중풍병자가 용서받고 고침을 받다 2:1-12

   2) 레위를 부르시고 세리와 죄인들과 함께 식사하시다 2:13-17

   3) 금식에 대한 질문에 답하시다 2:18-22

   4) 곡식을 훑어먹다 2:23-28

   5) 손 마른 자를 회복시키시다: 올무를 놓다 3:1-6


3. 우리 주님께서 물러나시다

   1) 바다에서 3:7-12

   2) 산에서: 사도들이 부르심을 받다 3:13-19

   3) 집에서: 바리새인들의 신성모독에 대한 문제를 반박하신 후에 그분께
      서 누가 자신의 어머니요 형제인지 보여주시다 3:20-35

   4) 배에서: 다양한 비유들 4:1-34

   5) 바다에서 그리고 그 이후 4:35-41, 5:1-20

   6) 바다 이쪽 편에서: 야이로와 혈루증 앓는 여인 5:21-43

   7) 나사렛에서: 고향 친척들이 예수께 도전하다 6:1-6

8) 사도들이 보내심을 받다 6:7-13

b. 요한이 죽임을 당한 후에

1. 헤롯이 예수에 대해 듣고 그에 대해 자신의 생각을 드러내다 6:14-29

2. 그리스도께서 자신의 사도들과 물러났다가 돌아오시다 6:30-32

3. 사람들이 열의를 보이다; 그리스도의 열정; 오천 명을 먹이시다 6:33-44

4. 바다를 걸으시다 6:45-52

5. 게네사렛 지역 여러 곳에서 고치시다 6:53-56

6. 무엇이 사람을 더럽히는지에 대한 문제를 가르치시다 7:1-23

7. 귀신이 두로와 시돈 해안가 지역에서 쫓겨나다 7:24-30

8. 갈릴리 바다에서 귀먹고 말 못하는 사람을 고치시다; 사천 명을 먹이시다 7:31-37, 8:1-9

9. 그분께서 달마누나 지역으로 오시다. 하늘로부터의 표적에 대해 답하시다 8:10-13

10. 배 안에서 그분께서 악한 누룩에 대해 경고하시다 8:14-21

11. 벳새다에서 병든 자를 고치시다 8:22-26

c. 그분께서 하나님의 아들이심이 알려진 이후에

1. 베드로가 그분에 대해 고백하고 그분께서는 자신의 제자들에게 침묵을 명하시다; 자신의 수난에 대해 예언하시다; 베드로를 꾸짖으시다; 자신을 따라오라고 가르치시다 8:21, 9:1

2. 예수께서 변화하시다; 귀신을 쫓아내시다; 자신의 수난을 예고하시다 9:2-32

3. 자신의 제자들을 꾸짖으시고 가르치시다 9:33-50

## B. 유대 지역에서

### a. 경계 지역에서 10:1

    1. 그분께서 이혼 문제를 다루시다 10:2-12

    2. 어린이에 대해서 10:13-16

### b. 예루살렘 도시로 가시는 길

    1. 세 번째로 자신의 수난에 대해 예고하시다 10:32-34

    2. 야고보와 요한에게 답변하시고 그들에게 모든 것을 가르치시다 10:35-45

    3. 여리고에서 바디매오의 눈을 뜨게 하시다 10:46-52

## C. 예루살렘에서 11:1

### a. 왕으로 입성하시다 11:2-11

### b. 다음날 무화과나무가 저주를 받다 11:12-14; 성전을 정화하다 11:15-19

### c. 그다음 날

    1. 무화과나무 근처에서 믿음의 능력을 보여주시다 11:20-26

    2. 성전에서

      1) 자신의 권위를 증명하시다 11:27-33

      2) 악한 소작인의 비유 12:1-12

      3) 가이사에게 바치는 문제에 대하여 12:13-17

      4) 부활에 대하여 12:18-27

      5) 가장 큰 계명에 대하여 12:28-34

      6) 다윗의 주님에 대하여 12:35-37

7) 그분께서 사람들에게 서기관들을 조심할 것을 경고하시다 12:38-40

8) 가난한 과부를 칭찬하시다 12:41-44

3. 감람산에서 예루살렘 도성과 성전의 파괴와 세상의 끝에 대하여 예언하
시다 13:1-37

## d. 유월절 이틀 전날; 원수들이 유다와 거래를 하다 14:1-11

## e. 무교절 첫째 날에

1. 유월절을 준비하다 14:12-16

2. 주님께서 성만찬을 제정하시다 14:17-25

3. 찬송을 부른 후에 제자들이 버릴 것과 베드로가 부인할 것을 예고하시다
14:26-31

4. 겟세마네에서 예수께서 기도하시다; 제자들을 깨우시다 14:32-42; 배반
을 당하시다; 잡히시다; 모두가 그를 버리고 달아나다 14:43-52

5. 대제사장의 뜰에서 그분께서 사형선고를 받으시다 53-65; 베드로가 부
인하다 14:66-72

## f. 금요일에 일어난 일들

1. 빌라도의 궁전에서 15:1-20

2. 길에서 15:21

3. 골고다에서 15:22

1) 포도주와 몰약을 받으시다 15:23

2) 십자가에 박히시다; 그의 옷을 나눠 갖다 15:24-25

3) 명패 15:26

4) 두 강도 15:27-28

5) 욕하다 15:29-32

6) 어둠; 예수께서 부르짖으시다; 조롱하다; 신포도주; 그분의 죽으심; 휘
장이 갈라짐 15:33-38

7) 백부장의 고백; 여인들이 지켜보다 15:39-41

4. 저녁에 묻히시다 15:42-47


g. 일요일에 우리 주님께서 부활하셨다는 것이 선포되다

1. 천사들의 선포 16:1-8

2. 예수께서 직접 막달라 마리아에게 선포하시다 16:9-11; 시골로 내려가는
두 사람 16:12-13; 열한 제자가 식사하러 앉다 16:14


## III. 복음

1. 그리스도께서 자신의 부활 이후에 사도들에게 사명을 내리시다 16:15-18

2. 승천 이후에 확증하시다 16:19-20

# 마가복음 1장

¹ 하나님의 아들 예수 그리스도의 복음의 시작은 이러하다. ² 예언자 이사야의 글에 기록하기를, "보아라, 내가 내 심부름꾼을 너보다 앞서 보낸다. 그가 네 길을 닦을 것이다." ³ "광야에서 외치는 이의 소리가 있다. '너희는 주님의 길을 예비하고, 그의 길을 곧게 하여라'" 한 것과 같이, ⁴ 세례자 요한이 광야에 나타나서, 죄를 용서받게 하는 회개의 세례를 선포하였다. ⁵ 그래서 온 유대 지방 사람들과 온 예루살렘 주민들이 그에게로 나아가서, 자기들의 죄를 고백하며, 요단 강에서 그에게 세례를 받았다. ⁶ 요한은 낙타 털옷을 입고, 허리에 가죽 띠를 띠고, 메뚜기와 들꿀을 먹고 살았다. ⁷ 그는 이렇게 선포하였다. "나보다 더 능력이 있는 이가 내 뒤에 오십니다. 나는 몸을 굽혀서 그의 신발 끈을 풀 자격조차 없습니다. ⁸ 나는 여러분에게 물로 세례를 주었지만, 그는 여러분에게 성령으로 세례를 주실 것입니다." ⁹ 그 무렵에 예수께서 갈릴리 나사렛으로부터 오셔서, 요단 강에서 요한에게 세례를 받으셨다. ¹⁰ 예수께서 물 속에서 막 올라오시는데, 하늘이 갈라지고, 성령이 비둘기같이 자기에게 내려오는 것을 보셨다. ¹¹ 그리고 하늘로부터 소리가 났다. "너는 내 사랑하는 아들이다. 내가 너를 좋아한다." ¹² 그리고 곧 성령이 예수를 광야로 내보내셨다. ¹³ 예수께서 사십 일 동안 광야에 계셨는데, 거기서 사탄에게 시험을 받으셨다. 예수께서 들짐승들

과 함께 지내셨는데, 천사들이 그의 시중을 들었다. <sup>14</sup> 요한이 잡힌 뒤에, 예수께서 갈릴리에 오셔서, 하나님의 복음을 선포하셨다. <sup>15</sup> "때가 찼다. 하나님의 나라가 가까이 왔다. 회개하여라. 복음을 믿어라." <sup>16</sup> 예수께서 갈릴리 바닷가를 지나가시다가, 시몬과 그의 동생 안드레가 바다에서 그물을 던지고 있는 것을 보셨다. 그들은 어부였다. <sup>17</sup> 예수께서 그들에게 말씀하셨다. "나를 따라오너라. 내가 너희를 사람을 낚는 어부가 되게 하겠다." <sup>18</sup> 그들은 곧 그물을 버리고 예수를 따라갔다. <sup>19</sup> 예수께서 조금 더 가시다가, 세베대의 아들 야고보와 그의 동생 요한이 배에서 그물을 깁고 있는 것을 보시고, <sup>20</sup> 곧바로 그들을 부르셨다. 그들은 아버지 세베대를 일꾼들과 함께 배에 남겨 두고, 곧 예수를 따라갔다. <sup>21</sup> 그들은 가버나움으로 들어갔다. 예수께서 안식일에 곧바로 회당에 들어가서 가르치셨는데, <sup>22</sup> 사람들은 그의 가르침에 놀랐다. 예수께서 율법학자들과는 달리 권위 있게 가르치셨기 때문이다. <sup>23</sup> 그 때에 회당에 악한 귀신 들린 사람이 하나 있었는데, 그가 큰소리로 이렇게 말하였다. <sup>24</sup> "나사렛 사람 예수님, 왜 우리를 간섭하려 하십니까? 우리를 없애려고 오셨습니까? 나는 당신이 누구인지 압니다. 하나님께서 보내신 거룩한 분입니다." <sup>25</sup> 예수께서 그를 꾸짖어 말씀하셨다. "입을 다물고 이 사람에게서 나가라." <sup>26</sup> 그러자 악한 귀신은 그에게 경련을 일으켜 놓고서 큰 소리를 지르며 떠나갔다. <sup>27</sup> 사람들이 모두 놀라서 "이게 어찌된 일이냐? 권위 있는 새로운 가르침이다! 그가 악한 귀신들에게 명하시니, 그들도 복종하는구나!" 하면서 서로 물었다. <sup>28</sup> 그리하여 예수의 소문이 곧 갈릴리 주위의 온 지역에 두루 퍼졌다. <sup>29</sup> 그들은 회당에서 나와서, 곧바로 야고보와 요한과 함께 시몬과 안드레의 집으로 갔다. <sup>30</sup> 마침 시몬의 장모가 열병으로 누워 있었는데, 사람들은 그 사정을 예수께 말씀드렸다. <sup>31</sup> 예수께서 그 여자에게 다가가셔서 그 손을 잡아 일으키시니, 열병이 떠나고, 그 여자는 그들의 시중을 들었다. <sup>32</sup> 해가 져서 날이 저물 때에, 사람들이 모든 병자와 귀신 들린 사람을 예수께로 데리고 왔다. <sup>33</sup> 그리고 온 동네 사람이 문 앞에 모여들었다. <sup>34</sup> 그는 온갖 병에 걸린 사람들을 고쳐 주시고, 많은 귀신을 내쫓으셨다. 예수께서는 귀신들이 말하는 것을 허락하지 않으셨다. 그들이 예수가 누구인지를 알았기 때문이다. <sup>35</sup> 아주 이른 새벽에, 예수께서 일어나서 외딴 곳으로 나가셔서, 거기에서 기도하고 계셨다. <sup>36</sup> 그 때에 시몬과 그의 일행이 예수를 찾아 나섰다. <sup>37</sup> 그들은 예수를 만나자 "모두 선생님을 찾고 있습니다" 하고 말하였다. <sup>38</sup> 예수께서 그들에게 말씀하셨다. "가까운 여러 고을로 가자. 거기에서도 내가 말씀을 선포해야 하겠다. 나는 이 일을 하러 왔다." <sup>39</sup> 예수께서 온 갈릴리와 여러 회당을 두루 찾아가셔서 말씀을 전하고, 귀신들을 쫓아내셨다. <sup>40</sup> 나병 환자 한 사람이 예수께로 와서, 그 앞에 무릎을 꿇고 간청하였다. "선생님께서 하고자 하시면, 나를 깨끗하게 해주실 수 있습니다." <sup>41</sup> 예수께서 그를 불쌍히 여기시고, 손을 내밀어 그에게 대시고 말씀하셨다. "그렇게 해주마. 깨끗하게 되어라." <sup>42</sup> 곧 나병이 그에게서 떠나고, 그는 깨끗하게 되었다. <sup>43</sup> 예수께서 단단히 이르시고, 곧 그를 보내셨다. <sup>44</sup> 그 때에 예수께서 그에게 말씀하셨다. "아무에게도 아무 말도 하지 말아라. 가서, 제사장에게 네 몸을 보이고, 네가 깨끗하게 된 것에 대하여 모세가 명령한 것을 바쳐서, 사람들에게 증거로 삼도록 하여라." <sup>45</sup> 그러나 그는 나가서, 모든 일을 널리 알리고, 그 이야기를 퍼뜨렸다. 그러므로 예수께서는 드러나게 동네로 들어가지 못하시고, 바깥 외딴 곳에 머물러 계셨다. 그래도 사람들이 사방에서 예수께로 모여들었다.

# 웨슬리와 함께 읽기

1 예수 그리스도의 복음의 시작 – 복음서 저자는 아주 적절하게 말한다. 복음의 시작은 세례 요한의 이야기에 있는데, 첫째 문단에 담겨 있기 때문이다. 복음 그 자체는 이 책의 나머지 부분에 있다(마 3:1; 눅 3:1).

2 말라기 3장 1절.

3 이사야 40장 3절.

4 회개의 세례를 선포하였다 – 즉, 회개를 설교하였고, 세례를 베풀었는데, 이 세례는 회개를 의미하고 표시하는 것이다.

7 그의 신발 끈을 풀 자격조차 없습니다 – 즉, 그분께 가장 보잘것없는 섬김을 하기에도 부족한 사람이다.

9 마태복음 3장 13절; 누가복음 3장 21절.

12 모든 하나님의 자녀들, 특히 그분께서 특별히 사랑하시는 자녀들에게는 종종 특별한 시험이 뒤따른다(마 4:1; 눅 4:1).

13 예수께서 사십 일 동안 그곳에 계시면서 사탄에게 시험을 받으셨다 – 보이지 않게.[2] 성 마태에 따르면 그 이후에 보이지 않는 모습으로 나타난 그에게 시험을 받으셨다.[3] 들짐승들과 함께 지내셨는데 – 비록 그 짐승들이 그분을 해칠 능력은 없었지만, 성 마가는 우리에게 마태복음

의 내용을 요약해줄 뿐만 아니라 다른 복음서 저자들이 빠뜨린 몇 가지 중요한 사항들을 전해준다.

14 마태복음 4장 12절.

15 때가 찼다 – 다니엘이 예언했고 너희들이 기다렸던 내 왕국의 때가 온전히 임했다.

16 마태복음 4장 18절; 누가복음 5장 1절.

18 이때로부터 그들은 자신들의 직업을 버리고 계속해서 그분을 섬겼다. 처음 부르심을 받았을 때에 그리스도를 따라나선 자들은 복이 있다!

21 누가복음 4장 31절.

26 큰소리 – 왜냐하면 그는 말하는 것을 금지당했었기 때문이다. 그리스도께서는 악한 영들이 그리스도를 거슬러서 말하는 것이나 그분을 편들어 말하는 것도 하도록 내버려 두지 않으신다. 그분께서는 그들의 증언이 필요하지 않으시며, 그들에게 그렇게 하라고 부추기지도 않으신다. 만일 그렇게 한다면 사람들은 그분께서 그 악한 영들과 함께 손잡고 행동하신다고 추측할 것이기 때문이다.

29 마태복음 8장 14절; 누가복음 4장 38절.

32 해가 져서 – 따라서 안식일이 끝났다. 하루는 해가 지는 시점에서 다음날 해가 지는 시점까지를 가리킨다.

33 오, 이 얼마나 멋진 광경인가! 그런데 이렇게 하나 가득 핀 꽃들이 아무런 열매도 맺지 못한 채 죽어갔다는 것을 이때만 해도 누가 상상이나 했겠는가!⁴⁾

34 예수께서는 귀신들이 말하는 것을 허락하지 않으셨다 – 즉, 미드(Mead) 박사의 가설(성경에 나오는 귀신들은 그저 죽은 사람들이라고 하는)대로 말하자면, 그분께서는 죽은 자들이 예수를 안다고 말하는 것을 허락하지 않으셨다.

35 **날이 밝기 훨씬 전에** – 이렇게 그분께서는 우리를 위해 밤낮으로 애를 쓰셨다(눅 4:42).

40 마태복음 8장 2절; 누가복음 5장 12절.

44 **아무에게도 아무 말도 하지 말아라** – 그러나 우리의 복되신 주님께서는 우리에게 이러한 명령을 내리시지는 않으신다. 만일 그분께서 죄라고 하는 우리의 나병으로부터 우리를 깨끗하게 하셨다면, 우리는 그 사실을 감추라는 명령을 받지 않는다. 도리어 그 사실을 널리 알려서 우리에게 선을 행하신 그분을 영화롭게 해드리도록 하는 것은 또한 죄로 인해 신음하는 다른 사람들이 우리와 똑같은 혜택을 얻고자 하는 희망을 품고 그것을 간구하도록 격려하는 것은 우리가 마땅히 해야 할 의무이다. **가서, 제사장에게 네 몸을 보이고, 네가 깨끗하게 된 것에 대하여 모세가 명령한 것을 바쳐서, 사람들에게 증거로 삼도록 하여라** – 제사장들이 그를 보면 그들은 그가 정결하다고 선언할 것이다(레 13:17, 23, 28, 37). 그리고 이 사람이 모세가 명한 대로 예물을 드리도록 허락할 것이다(레 14:2, 7). 이 사람이 깨끗해진 모습은 이 제사장들이 옴짝달싹 못 하게 만드는, 그래서 이 사람의 나병이 깨끗해지지 않았다고 감히 말할 수 없도록 해주는 증거가 된다. 만약에 이 사람이 자기의 병이 나은 것에 대해 말하고 다닌다면 이 소식은 그가 제사장들 앞에 나아가기 전에 미리 그들의 귀에 들어갈 것이고, 그렇다면 이 사람이 모세의 율법에 따라서 자기 몸을 내보이려고 그들에게 찾아갔을 때 그들은 시기심이나 악의에 차서 우리의 구세주를 거슬러서 말하려 했을 것이다. 바로 이러한 이유로 우리 주님께서는 이 사람에게 아무 말도 하지 말라고 명령하셨다.

45 **그래서 예수께서는 드러나게 동네로 들어가지 못하시고** – 바로 이러한 불편함 때문에 우리 주님께서는 그에게 침묵하라고 명하셨다.

## 역자 해설

마가복음은 "(하나님의 아들) 예수 그리스도의 복음의 시작"이라는 문구로 시작합니다. '예수 그리스도의 복음'이라는 말은 문법적으로 1) '예수 그리스도에 관한 복음' 혹은 2) '예수 그리스도께서 전하신 복음', 두 가지로 해석할 수 있습니다. 이것은 복음이라는 것이 무엇인지에 관한 문제와 직결됩니다. 마가는 자신이 전해주는 이야기를 '복음'이라고 규정합니다. 사도 바울이 말하는 복음의 개념이나 초기 기독교인들 그리고 오늘날 우리가 생각하는 복음이라는 단어의 뜻이 조금씩 차이가 있을 것입니다만, 마가는 마가복음에 담긴 이야기를 복음이라고 주장합니다. 1)과 같은 개념이 우리에게 익숙한 다소 교리적인 신앙고백이 담긴 복음이겠지요.

그러나 2)와 같은 개념의 복음이 마가가 생각하는 개념에 가깝다고 볼 수 있습니다. 14-15절에서 예수님은 "하나님의 복음을 선포하셨다. 때가 찼다 하나님의 나라가 가까이 왔다. 회개하여라. 복음을 믿어라"라고 외치십니다. 이 구절로 미루어, 복음은 "하나님께서 다스리신다"라는 것을 알 수 있습니다. 예수님은 "이제 하나님께서 다스리시는 시대가 왔으니, 이전의 잘못된 길에서 돌이켜서 그 통치를 맞아들이라"고 외치시는 것입니다.

마가복음은 총 16장으로 구성되는데, 예수님의 사역 이야기인 8장 26절까지가 전반부, 수난 이야기가 시작되는 8장 27절 이하부터 후반부가 됩니다. 예수님의 사역 이야기인 마가복음 전반부는 특이하게도 기적 이야기가 많이 등장합니다(18개 중 15개). 기적 이야기는 모두 18개 나오는데, 아래와 같습니다.

1. 가버나움 회당에서 귀신을 쫓아내심(1:21-28)

2. 베드로 장모를 고치심(1:29-31)

3. 나병환자를 고치심(1:40-45)

4. 마비 환자를 고치심(2:1-12)

5. 손 굽은 환자를 고치심(3:1-5)

6. 풍랑을 잔잔케 하심(4:35-41)

7. 군대 귀신을 쫓아내심(5:1-20)

8. 야이로의 딸을 살리심(5:21-43)

9. 혈루증 앓는 여인을 고치심(5:24-34)

10. 오병이어 기적(6:30-44)

11. 물 위를 걸으심(6:45-52)

12. 수로보니게 여인의 딸에게서 귀신을 쫓아내심(7:24-30)

13. 안 들리고 말 못하는 사람을 고치심(7:31-37)

14. 사천 명을 먹이심(8:1-9)

15. 벳새다의 못 보는 사람을 고치심(8:22-26)

16. 귀신 들린 아이에게서 귀신을 쫓아내심(9:14-29)

17. 소경 바디매오의 눈을 뜨게 하심(10:46-52)

18. 무화과나무를 말라 죽게 하심(11:12-14, 20-21)

예수님은 제자를 부르시자마자 곧바로 사역을 시작하시는데, 그 첫 사역이 귀신을 내쫓는 것입니다(21-28절). 이것은 마가가 복음을 어떻게 이해하는지 잘 보여줍니다. 복음은 하나님께서 이제 통치하신다는 것입니다. 지금까지 이 세상은 사탄이 권세를 잡고 거짓 주인 행세를 해 왔지만, 이제 예수님께서 오셔서 사탄을 쫓아내시고 주권을 되찾으십니다. 그래서 첫 이야기로 귀신을 쫓아내는 사건을 담았습니다.

마귀는 예수님이 하나님의 거룩하신 분이심을 고백하는데(24절), 실은 마가도 이야기 첫머리에서 이미 예수님이 누구신지 말해줍니다(1절). 하나님의 아들이자 하나님으로부터 보냄을 받은 거룩하신 분은 이제 하나님의 다스리심을 선포하시고, 실제로 그런 세상이 왔다는 것을 자신의 사역을 통해 구체적으로 증명해내십니다. 복음이란 무엇인가요? 예수님이 우리의 구세주이고, 우리를 위해 돌아가셨다는 일반적 고백으로서의 복음도 있지만, 중요한 것은 복음은 하나님께서 통치하신다는 사실입니다.

그동안 우리의 마음과 생활, 우리의 세상을 하나님이 아닌 악한 다른 세력이 다스렸다면, 복음을 믿는다는 것은 이제 그 자리를 원래대로 회복하는 것, 즉 하나님께서 다스리시도록 맞이한다는 것을 뜻합니다. 마가복음은 우리에게 이 사실을 말해주면서 이제 우리를 그 새 세상으로 들어오라고 초청합니다.

# 마가복음 2장

[1] 며칠이 지나서, 예수께서 다시 가버나움으로 들어가셨다. 예수가 집에 계신다는 말이 퍼지니, [2] 많은 사람이 모여들어서, 마침내 문 앞에조차도 들어설 자리가 없었다. 예수께서 그들에게 말씀을 전하셨다. [3] 그 때에 한 중풍병 환자를 네 사람이 데리고 왔다. [4] 무리 때문에 예수께로 데리고 갈 수 없어서, 예수가 계신 곳 위의 지붕을 걷어내고, 구멍을 뚫어서, 중풍병 환자가 누워 있는 자리를 달아 내렸다. [5] 예수께서는 그들의 믿음을 보시고, 중풍병 환자에게 "이 사람아! 네 죄가 용서받았다" 하고 말씀하셨다. [6] 율법학자 몇이 거기에 앉아 있다가, 마음 속으로 의아하게 생각하기를 [7] '이 사람이 어찌하여 이런 말을 한단 말이냐? 하나님을 모독하는구나. 하나님 한 분 밖에, 누가 죄를 용서할 수 있는가?' 하였다. [8] 예수께서, 그들이 속으로 이렇게 생각하는 것을 곧바로 마음으로 알아채시고 그들에게 말씀하셨다. "어찌하여 너희는 마음 속에 그런 생각을 품고 있느냐? [9] 중풍병 환자에게 '네 죄가 용서받았다' 하고 말하는 것과 '일어나서 네 자리를 걷어서 걸어가거라' 하고 말하는 것 가운데서, 어느 쪽이 더 말하기가 쉬우냐? [10] 그러나 인자가 땅에서 죄를 용서하는 권세를 가지고 있음을 너희에게 알려주겠다." 예수께서 중풍병 환자에게 말씀하셨다. [11] "내가 네게 말한다. 일어나서, 네 자리를 걷어서 집으로 가거라." [12] 그러자 중풍병 환자가 일어

나, 곧바로 모든 사람이 보는 앞에서 자리를 걷어서 나갔다. 사람들은 모두 크게 놀라서 하나님을 찬양하고 "우리는 이런 일을 전혀 본 적이 없다" 하고 말하였다. <sup>13</sup> 예수께서 다시 바닷가로 나가셨다. 무리가 모두 예수께로 나아오니, 그가 그들을 가르치셨다. <sup>14</sup> 예수께서 길을 가시다가, 알패오의 아들 레위가 세관에 앉아 있는 것을 보시고 말씀하셨다. "나를 따라오너라." 레위는 일어나서, 예수를 따라갔다. <sup>15</sup> 예수께서 그의 집에서 음식을 잡수시는데, 많은 세리와 죄인들도 예수와 그의 제자들과 한 자리에 있었다. 이런 사람들이 많이 있었는데 그들이 예수를 따라왔던 것이다. <sup>16</sup> 바리새파의 율법학자들이, 예수가 죄인들과 세리들과 함께 음식을 잡수시는 것을 보고, 예수의 제자들에게 말하였다. "저 사람은 세리들과 죄인들과 어울려서 음식을 먹습니까?" <sup>17</sup> 예수께서 그 말을 들으시고 그들에게 말씀하셨다. "건강한 사람에게는 의사가 필요하지 않으나, 병든 사람에게는 필요하다. 나는 의인을 부르러 온 것이 아니라 죄인을 부르러 왔다." <sup>18</sup> 요한의 제자들과 바리새파 사람들은 금식하고 있었다. 사람들이 예수께 와서 물었다. "요한의 제자들과 바리새파 사람의 제자들은 금식하는데, 왜 선생님의 제자들은 금식하지 않습니까?" <sup>19</sup> 예수께서 그들에게 말씀하셨다. "혼인 잔치에 온 손님들이, 신랑과 함께 있는 동안에 금식할 수 있느냐? 신랑을 자기들 곁에 두고 있는 동안에는 금식할 수 없다. <sup>20</sup> 그러나 신랑을 빼앗길 날이 올 터인데, 그 날에는 그들이 금식할 것이다." <sup>21</sup> "생베 조각을 낡은 옷에 대고 깁는 사람은 없다. 그렇게 하면 새로 댄 조각이 낡은 데를 당겨서, 더욱더 심하게 찢어진다. <sup>22</sup> 또, 새 포도주를 낡은 가죽 부대에 담는 사람은 없다. 그렇게 하면 포도주가 가죽 부대를 터뜨려서, 포도주도 가죽 부대도 다 버리게 된다. 새 포도주는 새 가죽 부대에 담아야 한다." <sup>23</sup> 안식일에 예수께서 밀밭 사이로 지나가시게 되었다. 제자들이 길을 내면서, 밀 이삭을 자르기 시작하였다. <sup>24</sup> 바리새파 사람이 예수께 말하였다. "보십시오, 어찌하여 이 사람들은 안식일에 해서는 안 되는 일을 합니까?" <sup>25</sup> 예수께서 그들에게 말씀하셨다. "다윗과 그 일행이 먹을 것이 없어서 굶주릴 때에, 다윗이 어떻게 하였는지를 너희는 읽지 못하였느냐? <sup>26</sup> 아비아달 대제사장 때에, 다윗이 하나님의 집에 들어가서, 제사장들 밖에는 먹어서는 안 되는 제단 빵을 먹고, 그 일행에게도 주지 않았느냐?" <sup>27</sup> 그리고 예수께서는 그들에게 말씀하셨다. "안식일이 사람을 위하여 생긴 것이지, 사람이 안식일을 위하여 생긴 것이 아니다. <sup>28</sup> 그러므로 인자는 또한 안식일에도 주인이다."

# 웨슬리와 함께 읽기

1 **다시** – 예수께서 얼마 동안 한적한 곳에 계시다가 조용히 도시로 돌아오셨다. **집에** – 베드로의 집.

2 **그러자 곧바로 많은 사람이 모여들어서** – 여기에서도 우리는 사람들의 마음속에 남겨진 일반적인 인상을 발견할 수 있다. 여기에서, 즉 가버나움에서조차도 그분의 말씀을 들었던 모든 사람이 기쁨으로 그 말씀을 받아들였다.

3 마태복음 9장 2절; 누가복음 5장 18절.

4 **지붕을 걷어내고** – 혹은 덮개나 격자창 혹은 집 위에 있는 덧문을(지붕은 평편했다) 열고. 그들은 그 부분을 열었을 때 침상을 달아 내리기에는 그것이 그리 넓지 않다는 것을 알고 그 출입구를 부수어서 출입구를 넓혔다.

6 **율법학자 몇이** – 이 첫 번째 도전이 어디에서 시작하는지 보라! 지금까지 평범하고 무식한 사람들은 그분께 대들지 않았다. 그들은 이 배웠다고 하는 사람들이 찾아오기 전까지는 빛 가운데서 모두 기뻐하였다. 그런데 그 배웠다는 사람들이 와서 빛을 어둠이라고 말하고 어둠을 빛이라고 말했다. 이런 눈먼 인도자들에게 화가 있을지어다! 이들은 차라

리 태어나지 않았으면 더 좋았을 뻔했다! 오, 하나님! 부디 제가 당신의 단순한 이 사람 중에 하나라도 실족하게 만들지 않도록 해주옵소서! 혹시 그렇게 되려거든 제 혀가 제 입천장에 달라붙도록 해주옵소서!

12 그들이 모두 놀라서 – 율법학자들조차도 잠시 놀랐다.

13 무리가 모두 그분께 나아오니 – 즉, 바닷가로. 그리고 그분께서는 마치 그들이 회당 안에 있었던 것처럼 곧바로 가르치기 시작하셨다.

14 마태복음 9장 9절; 누가복음 5장 27절.

15 많은 세리와 평판이 좋지 않은 죄인들이 예수와 함께 앉았다 – 마태에게 초대를 받아서 온 것이 분명한 사람 중에 얼마는 그분의 오랜 죄인 친구들을 향한 동정심에 감동하였다. 그러나 이어서 나오는 말씀, 즉 거기에 사람이 많았다는 말씀과 그들이 그분을 따랐다는 말씀을 미루어 볼 때 그들 중 대부분은 그분께서 하신 다정한 행동과 은혜로운 말씀에 힘을 얻었다는 것을 짐작해볼 수 있다. 또한 더 듣고 싶어서 초대를 받지 않았음에도 불구하고 그분께로 몰려들어서 최대한 그분과 가까이 있으려 했다는 것을 짐작해볼 수 있다.

16 율법학자들과 바리새인들이 말했다 – 이렇게 똑똑하다고 하는 사람들이 세상의 성인들의 틈에 끼어들어서 우리 주님을 거슬러 편협한 모습을 드러냈다. 그들에게 답변하실 때 그분께서는 귀에 거슬리는 말로 하지 않으시고 차분하고도 감정에 휘둘리지 않은 모습으로 조리 있게 답변하신다.

17 의인을 부르러 오지 않고 – 따라서 만일 이들이 의인들이었다면 나는 그들을 부르지 않았을 것이다. 그러나 그들이야말로 바로 내가 구원하기 위해서 온 사람들이다.

18 마태복음 9장 14절; 누가복음 5장 33절.

23 마태복음 12장 1절; 누가복음 6장 1절.

26 **아비아달 대제사장 때에** – 아비아달의 아버지 아비멜렉은 그 당시에 대제사장이었다. 아비아달 자신은 그 당시에는 대제사장이 아니었다. 따라서 이 구절은 그저 "나중에 대제사장이 된 아비아달 시절에"라는 의미로 이해해야 한다(삼상 21:6).

27 **안식일이 사람을 위하여 생긴 것이다** – 따라서 사람의 필요가 안식일보다 더 우선되어야 한다.

28 가장 높으신 법의 제정자로서 그분께서는 자신의 법을 제정하실 권한이 있으시다. 특히 이런 부분에서는 더욱 그러하다.

# 역자 해설

    예수님께서 시작하신 하나님 나라는 항상 거부와 도전을 받습니다. 예수님은 사람들에게 그 나라로 들어와 하나님의 통치를 받으라고, 그것이 참된 생명이며 참된 삶이라고 초청하시지만, 당장 눈 앞에 펼쳐지는 권력과 재물의 유혹, 그동안 살아온 삶과 사고방식의 익숙함 등 온갖 것들로 인해 사람들은 그 나라로 들어가 지금까지의 모습과는 다른 새로운 삶을 살려고 하지 않습니다. 구약의 많은 예언자가 고난받았던 것처럼, 사람들은 그동안 누리던 것을 포기하라는 요구를 자기에 대한 도전으로 생각하고 그 의로운 도전자를 제거하려고 하기까지 합니다.

    마가복음 2장에서 예수님은 그런 도전을 받습니다. 마가복음 2장 1절-3장 6절은 그런 모습을 잘 보여줍니다. 이 구도는 아래와 같습니다.

    A. 몸을 못 움직이는 환자를 고쳐주심-실내(2:1-12)

     B. 먹는 문제로 예수님이 도전을 받으심-야외(2:13-17)

      C. 금식논쟁 - "신랑을 빼앗길 날 금식할 것이다"(2:18-22).

     B´ 먹는 문제로 예수님이 도전을 받으심-야외(2:23-28)

    A´. 손을 못 움직이는 환자를 고쳐주심-실내(3:1-6)

    위의 구조는 서로 짝을 이룹니다. 이것은 전형적인 셈족의 문학 기법인데요. 이때 가장 핵심은 제일 가운데 C 단락입니다. A 단락에서 예수님은 환자를 고쳐주십니다. 그런데 단지 치유 행위 때문에 예수님이 공격받는 것이 아니라, 죄를 용서하는 권세 문제 때문에 공격받습니다. 즉, 이 단락은 "예수님은 누구신가?"라는 문제에 관한 이야기입니다. 하나님밖에 죄를 용서할 수 없는데, 예수님은 죄를 용서하시는 권세가 있다고 하시니(7, 10절), 예수님이 자신이 누구신지 밝히신 것이지요(cf. 1:1).

A' 단락도 환자를 고쳐주시는 이야기이지만, 사실 예수님의 정체에 관한 단락입니다. 문제의 발단은 예수님께서 환자를 고치신 행위가 아니라 안식일 법을 따르지 않은 것입니다(3:2). 예수님이 안식일에 사람들이 하는 대로 하지 않고 맘대로 하신 것은 자신이 안식일의 주인이시기 때문입니다(2:28). B 단락은 예수님이 금기를 어겨서 문제가 됩니다. 세리나 죄인들과 함께 식사하는 것은 가당치도 않은 일인데, 예수님은 아무렇지도 않게 그 금을 넘어가십니다(2:16). B' 단락에서도 예수님이 금기를 어기고 넘지 말아야 할 선을 넘으셨기에 문제가 됩니다(2:25-26).

예수님은 B와 B'에서 모두 격언(마샬)으로 결론을 내리십니다. "의사는 병자에게 필요하지 건강한 자에게 필요하지 않다. 나는 의인이 아닌 죄인을 부르러 왔다"(2:17), "안식일이 사람을 위한 것이지 사람이 안식일을 위한 것이 아니다. 인자는 안식일의 주인이다"(2:28). B와 B'에서 예수님께서 그 금기의 선을 자유롭게 넘으실 수 있던 이유는 예수님이 그러실 수 있는 존재이기 때문입니다. 그리고 여기에서 이루어지는 모든 예수님의 행동은 하나님의 통치를 선포하시고(1:14-15) 그 통치를 실현하시는 분(1:24-25), 하나님의 아들(1:1, 24)이시기 때문입니다.

예수님께서 보이신 하나님 통치의 모습은 죄를 용서받고(A), 사람들이 맘대로 그어놓은 금기의 선이 무너지는(B, B', A') 전혀 새로운 세상의 모습입니다. 따라서 이제 임한 하나님의 통치, 그 나라에서는 누구도 악한 영에 눌리면 안 되고(1:21-27), 질병으로 고통받고 그로 인해 소외당해서도 안 되며(1:40-44), 직업이나 출신 때문에 멸시당해도 안 되고(2:15-17), 사람들이 인위적으로 만든 제도나 관습에 눌려 고통받아서도 안 됩니다(2:23-28; 3:1-5). 그 나라는 사람들의 죄의 문제가 해결되고(2:1-12), 무시와 소외당하는 사람들이 초대받아(2:13-14, 15-17) 함께 먹고 마시며 기쁨을 나누는(2:16, 18-19) 나라입니다.

그러나 그 나라에 들어가기를 거부하는 이들은 예수님을 공격하고 심지어 그를 따르는 제자들을 공격합니다(2:16, 24). 그리고 그 끝은 예수님의 죽음입니다. 마가는 이 모든 이야기의 중심에서 신랑을 빼앗기는 날에 관한 예언(2:20)을 말합니다. 실제로 그들은 이 모든 일이 벌어진 끝에 예수님을 제거하려고 모의하러 나갑니다(3:6). 하나님의 통치 안으로 들어오는 삶은 이처럼 많은 도전을 받습니다. 그래서 많은 사람이 그 길을 따르기를 두려워하고 주저합니다. 하지만 예수님은 적당히 양다리 걸치는 삶은 있을 수 없다고 하시며(2:21-22), 모든 것을 버리고 즉시 따라오는 사람을 원하십니다(1:18, 20; 10:52).

# 마가복음 3장

¹ 예수께서 다시 회당에 들어가셨다. 그런데 거기에 한쪽 손이 오그라든 사람이 있었다. ² 사람들은 예수를 고발하려고, 예수가 안식일에 그 사람을 고쳐 주시는지를 보려고, 예수를 지켜보고 있었다. ³ 예수께서 손이 오그라든 사람에게 말씀하셨다. "일어나서 가운데로 나오너라." ⁴ 그리고 예수께서 그들에게 말씀하셨다. "안식일에 선한 일을 하는 것이 옳으냐? 악한 일을 하는 것이 옳으냐? 목숨을 구하는 것이 옳으냐? 죽이는 것이 옳으냐?" 그들은 잠잠하였다. ⁵ 예수께서 노하셔서, 그들을 둘러보시고, 그들의 마음이 굳어진 것을 탄식하시면서, 손이 오그라든 사람에게 말씀하셨다. "손을 내밀어라." 그 사람이 손을 내미니, 그의 손이 회복되었다. ⁶ 그러자 바리새파 사람들은 바깥으로 나가서, 곧바로 헤롯 당원들과 함께 예수를 없앨 모의를 하였다. ⁷ 예수께서 제자들과 함께 바닷가로 물러가시니, 갈릴리에서 많은 사람이 따라왔다. 또한 유대와 ⁸ 예루살렘과 이두매와 요단 강 건너편과 그리고 두로와 시돈 근처에서도, 많은 사람이 그가 하신 모든 일을 소문으로 듣고, 그에게로 몰려왔다. ⁹ 예수께서는 무리가 자기에게 밀려드는 혼잡을 피하시려고, 제자들에게 분부하여 작은 배 한 척을 마련하게 하셨다. ¹⁰ 그가 많은 사람을 고쳐 주셨으므로, 온갖 병으로 고통받는 사람들이, 누구나 그에게 손을 대려고 밀려들었기 때문이다. ¹¹ 또 악한 귀신들

은 예수를 보기만 하면, 그 앞에 엎드려서 외쳤다. "당신은 하나님의 아들입니다." **12** 그러면 예수께서는 "나를 세상에 드러내지 말아라" 하고, 그들을 엄하게 꾸짖으셨다. **13** 예수께서 산에 올라가셔서, 원하시는 사람들을 부르시니, 그들이 예수께로 나아왔다. **14** 예수께서 열둘을 세우시고 [그들을 또한 사도라고 이름하셨다.] 이것은, 예수께서 그들을 자기와 함께 있게 하시고, 또 그들을 내보내어서 말씀을 전파하게 하시며, **15** 귀신을 쫓아내는 권능을 가지게 하시려는 것이었다. **16** [예수께서 열둘을 임명하셨는데,] 그들은, 베드로라는 이름을 덧붙여 주신 시몬과, **17** '천둥의 아들'을 뜻하는 보아너게라는 이름을 덧붙여 주신 세베대의 아들들인 야고보와, 그의 동생 요한과, **18** 안드레와 빌립과 바돌로매와 마태와 도마와 알패오의 아들 야고보와 다대오와 열혈당원 시몬과, **19** 예수를 넘겨준 가룟 유다이다. **20** 예수께서 집에 들어가시니, 무리가 다시 모여들어서, 예수의 일행은 음식을 먹을 겨를도 없었다. **21** 예수의 가족들이, 예수가 미쳤다는 소문을 듣고서, 그를 붙잡으러 나섰다. **22** 예루살렘에서 내려온 율법학자들은, 예수가 바알세불이 들렸다고 하고, 또 그가 귀신의 두목의 힘을 빌어서 귀신을 쫓아낸다고도 하였다. **23** 그래서 예수께서 그들을 불러 놓고, 비유로 그들에게 말씀하셨다. "사탄이 어떻게 사탄을 쫓아낼 수 있느냐? **24** 한 나라가 갈라져서 서로 싸우면, 그 나라는 버틸 수 없다. **25** 또 한 가정이 갈라져서 싸우면, 그 가정은 버티지 못할 것이다. **26** 사탄이 스스로에게 반란을 일으켜서 갈라지면, 버틸 수 없고, 끝장이 난다. **27** 먼저 힘센 사람을 묶어 놓지 않고서는, 아무도 그 사람의 집에 들어가서 세간을 털어 갈 수 없다. 묶어 놓은 뒤에야, 그 집을 털어 갈 것이다. **28** 내가 진정으로 너희에게 말한다. 사람들이 짓는 모든 죄와 그들이 하는 어떤 비방도 용서를 받을 것이다. **29** 그러나 성령을 모독하는 사람은 용서를 받지 못하고, 영원한 죄에 매인다." **30** 예수께서 이 말씀을 하신 것은, 사람들이 "그는 악한 귀신이 들렸다" 하고 말하였기 때문이다. **31** 그 때에 예수의 어머니와 동생들이 찾아와, 바깥에 서서, 사람을 들여보내어 예수를 불렀다. <sup>32</sup> 무리가 예수의 주위에 둘러앉아 있다가, 그에게 말하였다. "보십시오, 선생님의 어머니와 동생들과 누이들이 바깥에서 선생님을 찾고 있습니다." <sup>33</sup> 예수께서 그들에게 대답하셨다. "누가 내 어머니이며, 내 형제들이냐?" <sup>34</sup> 그리고 주위에 둘러앉은 사람들을 둘러보시고 말씀하셨다. "보아라, 내 어머니와 내 형제자매들이다. <sup>35</sup> 누구든지 하나님의 뜻을 행하는 사람이 곧 내 형제요 자매요 어머니다."

# 웨슬리와 함께 읽기

1 그분께서 다시 회당에 들어가셨다 - 같은 날 가버나움에서(마 12:9; 눅 6:6).
2 그리고 그들은 - 율법학자들과 바리새인들은 혹시나 그분을 책잡을
까 하여서 지켜보고 있었다 - 그토록 종종 침묵 속에 놓여 있었던 그들
의 교만, 분노 그리고 수치가 이제 비로소 무르익어 악독으로 열매를
맺기 시작했다.
4 목숨을 구하는 것이 옳으냐, 죽이는 것이 옳으냐 - 그분께서는 그들이
죽일 기회를 찾고 있다는 것을 아셨다. 그러나 그들은 잠잠하였다 - 비
록 설득당하지는 않았지만 당황해서.
5 노하셔서 그들을 둘러보시고 - 죄에 대해서는 분노하시고 죄인들에
대해서는 가슴 아파하시면서. 이것이 바로 그리스도인들이 분노하는
표준적 모습이다. 그러나 누가 죄에서 죄인을 분리하고 죄인에게서 죄
를 분리해 낼 수 있을까? 진실로 그리스도를 믿는 사람만이 그렇게 할
수 있다.[5)
6 바리새인들이 나가서 - 아마도 율법학자들은 여전히 그분을 지켜보
고 있었을 것이다. 그들은 헤롯당원들과 모의하러 - 이들은 평소에는
서로 못 잡아먹어서 안달할 정도로 사이가 좋지 않았다.

8 이두매에서 – 이 지역 토착민들은 당시 150년 전에 이미 유대교를 믿었다. 두로와 시돈 근처에서 – 이 해안가 지역에 살던 이스라엘 사람들.

10 당시에 역병과 재앙은 하나님께서 죄에 대한 형벌로 종종 인간들에게 보내시거나 일어나도록 허락하신 고통스러운 것이라고 여겨졌었다.

12 예수께서는 자신을 알리지 말라고 그들에게 명하셨다 – 아직 때가 아니었다. 또한 그들 역시 설교자로 적합하지 않았다.

13 원하시는 사람들을 부르시니 – 인간의 영원한 상태와 관련하여, 하나님은 항상 정의와 사랑으로 행동하신다. 그러나 다른 수많은 것들과 관련해서는 단지 통치자로서만 우리에게 행동하시는 것처럼 보인다(눅 6:12).

14 마태복음 10장 2절; 누가복음 6장 13절; 사도행전 1장 13절.

16 그분께서는 그들에게 천둥의 아들들이라는 이름을 붙여주셨다 – 그들의 마음이 열정으로 넘치고 성급했기 때문에, 그들이 선포할 때에 열정적으로 했기 때문에 그리고 그들의 말에 능력이 있었기 때문에.

20 음식을 먹을 – 즉, 식사를 할 수 있는.

21 그의 친척들이 – 그분의 어머니와 형제들(막 3:31). 그러나 이때는 그들이 예수께 가까이 접근하기 조금 전이다.

22 율법학자들과 바리새인들 – 마태복음 12장 22절. 이들은 예루살렘에서 내려왔다 – 마귀의 심부름으로 일부러. 그러나 실패한 것은 아니었다. 왜냐하면 백성들이 학식이 높고 선하고 존경받는다는 사람들로부터 받은 독약을 이제 마시기 시작했기 때문이다! 그가 바알세불이 들렸다 – 명령에 따라 그와 동맹을 맺었다. 귀신 두목의 힘을 빌려서 귀신을 쫓아낸다 – 배웠다고 하는 사람들이 하나님의 역사에 대한 강력한 증거를 어쩌면 이리도 쉽게 왜곡하는지! 어쩌면 그렇게도 하나님을 전혀 고

려하지 않고 모든 일을 설명하는지!(마 12:24; 눅 11:15)

28 마태복음 12장 31절; 누가복음 12장 10절.

30 사람들이 그가 악한 귀신이 들렸다고 말했기 때문이다 - 이 말씀을 읽어본 사람들이 성령을 거스르는 신성모독이 무엇인지 의심한다는 것이 놀랍지 않은가? 그들이 하는 이 말보다 "성령의 능력으로써 그리스도께서 하신 이 기적들을 귀신의 능력으로 한 것"이라고 더 분명하게 말해주는 것이 과연 있을까?

31 그때 예수의 어머니와 동생들이 찾아와 - 그들은 마침내 군중 틈을 뚫고 들어와서 문 앞에 이르렀다. 그분의 형제들이 처음 여기에서 언급되는데, 그분을 데려가려는 의도를 가진 첫 번째 사람들이자 가장 진심 어린 마음을 가진 사람들로 언급된다.[6] 왜냐하면 그분의 형제 가운데 누구도 그분을 믿지 않았기 때문이다. 그들은 사람들을 들여보내 그분을 불렀다 - 그들은 어떤 사람을 집 안으로 보냈고, 그 사람은 큰 소리로 그분의 이름을 불렀다(마 12:46; 눅 8:29).

34 주위에 둘러앉은 사람들을 둘러보시고 - 가장 부드러운 모습으로. 내 어머니와 내 형제들이라고 말씀하셨다 - 그분께서는 참된 제자를 향한 자신의 좋은 마음을 심지어 성모 마리아에게도 드러내 보이셨는데, 여기에서 마리아는 그저 육신의 어머니로서만 여겨진다. 이렇게 하여서 그분께서는 자신이 그 사람들을 얼마나 따스하게 감싸주고 계시는지 보여주실 뿐만 아니라, 성모 마리아에 대해 지나치게 우상숭배 하듯이 경의를 표하는 후세대의 현상을 미리 아시고 일부러 경고하신 것이다.

# 역자 해설

예수님과 제자들은 식사할 겨를도 없이 사람들에게 둘러싸였습니다. 그런데 예수님의 어머니와 동생들이 예수님을 찾아왔습니다. 예수님이 미쳤다는 소문을 듣고 잡으러 온 것입니다. 예루살렘에서 내려온 유대 지도자들도 마찬가지였습니다. 그들은 예수님께서 하시는 놀라운 일들이 하나님에게서 비롯된 것이 아니라 귀신에게서 비롯된 것이라고 생각합니다.

물론 이들의 생각대로 마귀도 영적인 존재이기에 초인적인 일을 벌이기도 합니다. 그래서 사람을 사로잡아 괴력을 발휘하게 만들기도 하고(5:4-5), 사람이 자해하도록 사람을 맘대로 조종하기도 합니다(9:22). 마귀는 올바르고 정확한 지식을 갖고 있습니다(『표준설교』 1.1.2). 그래서 사람들은 몰라봐도 마귀는 예수님이 누구신지 정확하게 한눈에 알아보기도 합니다(1:24). 그런데 이 사람들은 예수님이 하시는 놀라운 일을 보고 하나님의 역사를 생각하기보다는 악령의 힘을 떠올립니다. 이들은 예수님께서 하시는 사역의 모습을 정확히 파악하지 못했습니다.

악한 영들이 하는 신비한 능력의 특징이 하나 있는데, 그것은 위의 예에서 보듯이 사람이나 다른 생명체를 파괴하고 망가뜨린다는 것입니다. 반면에 예수님께서 하시는 놀라운 기적들은 고통에 눌린 자를 풀어 주시고 회복하시고 건강하고 바른 모습으로 되돌려 놓습니다. 그러나 이 사람들은 예수님의 사역에서 그런 것을 보지 않고 놀라운 능력만 보고 그것이 하나님에게서 비롯한 것인지 악한 영에서 비롯한 것인지 분별하지 못합니다.

바알세불이 들렸다는 그들의 공격에 대해 예수님은 짧은 비유를 하나 말씀하십니다. "먼저 힘센 사람을 묶어놓은 뒤에 그 집을 털어간다." 여기에서 예수님은 자신을 집을 털어가는 침입자로, 사탄의 세력은 힘센 사람으로 빗대십니다. 지금 세상은 공중 권세 잡은 사탄이 초월적 힘을 쓰면서 사람들을 휘어잡고 마치 자기가 주인인 양 행세합니다. 그러나 이제 그런 세상은 끝났습니다. 예수님이 오셔서 이제는 하나님께서 다스리신다고 선포하셨고, 실제로 귀신을 쫓아내시며 이 사실을 증명해 보이셨습니다. 예수님은 이 비유 말씀을 통해 이제 하나님의 나라가 임했음을 선포하십니다.

그러나 여전히 그 나라 안으로 들어오기를 거부하는 자들이 있습니다. 그래서 그들은 예수님이 미쳤다고 하면서 예수님을 거부합니다. 하지만 예수님은 그런 것에 개의치 않으십니다. 아무리 그래도 이미 임한 하나님의 나라는 누구도 막을 수 없기 때문입니다. 도리어 예수님 주변을 둘러싼 이들에게 말씀하십니다. "하나님의 뜻대로 사는 사람, 이들이 바로 나와 한 형제자매이다." 예수님은 이제 새로운 공동체를 만드십니다. 그것은 혈연이나 지연 등 세상의 관계와는 전혀 다른 새로운 관계이며, 그 관계의 기준은 '하나님의 뜻대로 사는 삶'의 여부입니다. 예수님은 우리에게 질문하십니다. 이 안으로 들어오려는가 아니면 바깥에 선 외부인(3:31; 4:11)이 되려는가?

# 마가복음 4장

¹ 예수께서 다시 바닷가에서 가르치기 시작하셨다. 매우 큰 무리가 모여드니, 예수께서는 배에 오르셔서, 바다쪽에 앉으셨다. 무리는 모두 바닷가 뭍에 있었다. ² 예수께서 비유로 여러 가지를 가르치셨는데, 가르치시면서 그들에게 이렇게 말씀하셨다. ³ "잘 들어라. 씨를 뿌리는 사람이 씨를 뿌리러 나갔다. ⁴ 그가 씨를 뿌리는데, 더러는 길가에 떨어지니, 새들이 와서 그것을 쪼아먹었다. ⁵ 또 더러는 흙이 많지 않은 돌짝밭에 떨어지니, 흙이 깊지 않으므로 싹은 곧 나왔지만, ⁶ 해가 뜨자 타버리고, 뿌리가 없어서 말라 버렸다. ⁷ 또 더러는 가시덤불 속에 떨어지니, 가시덤불이 자라 그 기운을 막아 버려서, 열매를 맺지 못하였다. ⁸ 그런데 더러는 좋은 땅에 떨어져서, 싹이 나고, 자라서, 열매를 맺었다. 그리하여 삼십 배, 육십 배, 백 배가 되었다." ⁹ 예수께서 덧붙여서 말씀하셨다. "들을 귀가 있는 사람은 들어라." ¹⁰ 예수께서 혼자 계실 때에, 예수의 주위에 둘러 있는 사람들이, 열두 제자와 함께, 그 비유들이 무슨 뜻인지를 예수께 물었다. ¹¹ 예수께서 그들에게 말씀하셨다. "너희에게는 하나님 나라의 비밀을 맡겨 주셨다. 그러나 저 바깥 사람들에게는 모든 것이 수수께끼로 들린다. ¹² 그것은 '그들이 보기는 보아도 알지 못하고, 듣기는 들어도 깨닫지 못하게 하셔서, 그들이 돌아와서 용서를 받지 못하게 하시려는' 것이다." ¹³ 그리고 예수께서 그들

에게 말씀하셨다. "너희가 이 비유를 알아듣지 못하면서, 어떻게 모든 비유를 이해하겠느냐? **14** 씨를 뿌리는 사람은 말씀을 뿌리는 것이다. **15** 길가에 뿌려지는 것들이란 이런 사람들이다. 그들에게 말씀이 뿌려질 때에 그들이 말씀을 듣기는 하지만, 곧바로 사탄이 와서, 그들에게 뿌려진 그 말씀을 빼앗아 간다. **16** 돌짝밭에 뿌려지는 것들이란 이런 사람들이다. 그들은 말씀을 들으면 곧 기쁘게 받아들이기는 하지만, **17** 그들 속에 뿌리가 없어서 오래가지 못하고, 그 말씀 때문에 환난이나 박해가 일어나면 곧 걸려 넘어진다. **18** 가시덤불 속에 뿌려지는 것들이란 달리 이런 사람들을 가리키는데, 그들은 말씀을 듣기는 하지만, **19** 세상의 염려와 재물의 유혹과 그 밖에 다른 일의 욕심이 들어와 말씀을 막아서 열매를 맺지 못한다. **20** 좋은 땅에 뿌려지는 것들이란 이런 사람들이다. 그들은 말씀을 듣고 받아들여서, 삼십 배, 육십 배, 백 배의 열매를 맺는다." **21** 예수께서 그들에게 말씀하셨다. "사람이 등불을 가져다가 말 아래에나, 침상 아래에 두겠느냐? 등경 위에다가 두지 않겠느냐? **22** 숨겨 둔 것은 드러나고, 감추어 둔 것은 나타나기 마련이다. **23** 들을 귀가 있는 사람은 들어라." **24** 예수께서 그들에게 말씀하셨다. "너희는 새겨들어라. 너희가 되질하여 주는 만큼 너희에게 되질하여 주실 것이요, 덤으로 더 주실 것이다. **25** 가진 사람은 더 받을 것이요, 가지지 못한 사람은 그 가진 것마저 빼앗길 것이다." **26** 예수께서 또 말씀하셨다. "하나님 나라는 이렇게 비유할 수 있다. 어떤 사람이 땅에 씨를 뿌려 놓고, **27** 밤낮 자고 일어나고 하는 사이에 그 씨에서 싹이 나고 자라지만, 그 사람은 어떻게 그렇게 되는지를 알지 못한다. **28** 땅이 저절로 열매를 맺게 하는데, 처음에는 싹을 내고, 그 다음에는 이삭을 내고, 또 그 다음에는 이삭에 알찬 낟알을 낸다. **29** 열매가 익으면, 곧 낫을 댄다. 추수 때가 왔기 때문이다." **30** 예수께서 또 말씀하셨다. "우리가 하나님의 나라를 어떻게 비길까? 또는 무슨 비유로 그것을 나타낼까? **31** 겨자씨와 같으니, 그것은 땅에 심을 때에는 세상에 있는 어떤 씨보다도 더 작다. <sup>32</sup> 그러나 심고 나면 자라서, 어떤 풀보다 더 큰 가지들을 뻗어, 공중의 새들이 그 그늘에 깃들일 수 있게 된다." <sup>33</sup> 예수께서는, 그들이 알아들을 수 있는 정도로, 이와 같이 많은 비유로 말씀을 전하셨다. <sup>34</sup> 비유가 아니면 말씀하지 않으셨으나, 제자들에게는 따로 모든 것을 설명해 주셨다. <sup>35</sup> 그 날 저녁이 되었을 때에, 예수께서 제자들에게 말씀하셨다. "바다 저쪽으로 건너가자." <sup>36</sup> 그래서 그들은 무리를 남겨 두고, 예수를 배에 계신 그대로 모시고 갔는데, 다른 배들도 함께 따라갔다. <sup>37</sup> 그런데 거센 바람이 일어나서, 파도가 배 안으로 덮쳐 들어오므로, 물이 배에 벌써 가득 찼다. <sup>38</sup> 예수께서는 고물에서 베개를 베고 주무시고 계셨다. 제자들이 예수를 깨우며 말하였다. "선생님, 우리가 죽게 되었는데도, 아무렇지도 않으십니까?" <sup>39</sup> 예수께서 일어나 바람을 꾸짖으시고, 바다더러 "고요하고, 잠잠하여라" 하고 말씀하시니, 바람이 그치고, 아주 고요해졌다. <sup>40</sup> 예수께서 그들에게 말씀하셨다. "왜들 무서워하느냐? 아직도 믿음이 없느냐?" <sup>41</sup> 그들은 큰 두려움에 사로잡혀서 서로 말하였다. "이분이 누구이기에, 바람과 바다까지도 그에게 복종하는가?"

# 웨슬리와 함께 읽기

1 마태복음 13장 1절; 누가복음 8장 4절.

2 **예수께서 비유로 여러 가지를 가르치셨는데** – 동방의 나라들에서는 종종 이런 식으로 하는데, 이렇게 하면 자신의 가르침을 청중들에게 좀 더 수긍이 가도록 할 수 있었고, 듣는 사람들의 주의를 더욱 집중시킬 수 있었기 때문이다. 비유는 유비(simile)나 비교(comparison) 그리고 종종 잠언도 포함할 뿐만 아니라, 더 나아가 자연적인 것을 통해서 영적인 것을 설명하고자 하는 곳에서 사용되는 어떤 종류의 교훈적 말씀들도 포함한다(잠 1:6). 잠언과 해석을 이해하기 위해서 – 잠언은 문자적인 것이다. 반면에 해석에는 영적인 것이 담겨 있다. 영적인 의미는 생명을 주지만 문자적인 의미는 죽인다.

3 **들어라** – 예수께서는 사람들을 조용히 시키고 어수선한 것을 가라앉히시기 위해서 아마도 이 말을 큰 목소리로 말씀하셨을 것이다.

10 **그분께서 혼자 계실 때** – 즉, 군중에게서 떨어져 나와 계실 적에.

11 **바깥 사람들에게는** – 유대인들은 이교도들을 가리켜 이렇게 불렀다. 우리 주님께서도 모든 완고한 불신자들을 이렇게 칭하셨다. 왜냐하면 그들은 그분의 나라에 들어가지 못할 것이기 때문이다. 그들은 바깥 어

두운 곳에 거하게 될 것이다.

12 보기는 보아도 알지 못하고 - 그들은 전에는 보려고 하지 않았는데, 이제는 볼 수 없게 되었다. 하나님께서는 그들을 포기하셔서 눈먼 상태로 있도록 내버려 두셨는데, 이는 그들이 자초한 것이다.

13 이 비유를 알아듣지 못하면서 - 이 비유들은 이후로 내가 말하려고 하는 모든 것의 기초가 되는 것들이다. 따라서 이 비유는 이해하기가 아주 쉬운 것이다.

19 다른 일의 욕심이 들어와 말씀을 막아서 - 심오하고도 중요한 진리! 하나님 안에서 행복을 누리도록 인도하는 것을 제외한 모든 욕망은 곧바로 우리의 영혼이 황폐해지도록 이끈다. 안으로 들어와 - 그것들이 이전에는 이 안에 없었다. 그러므로 말씀을 받아들이고 간직한 사람들은 다른 욕망이(예를 들면 이전에는 알지 못했던 것이라도) 그 안으로 혹시 들어가지 않는지 주의해야 한다. 열매를 맺지 못한다 - 열매가 거의 다 자라더라도 무르익지 못한다.

21 그분께서 그들에게 말씀하시기를 등불이 - 마치 그분께서 이전에 "내가 이것들을 너희에게 설명한다. 내가 너희에게 이 빛을 주노니, 감추어 두지 말고 다른 사람들에게 나누어주라"고 말씀하셨던 것처럼. "만일 내가 너희에게 무엇이든 감추는 것이 있다면, 그것은 마치 나중에 알려주는 것이 더 낫겠다 싶었기 때문이다"라고 말씀하시는 것 같다(마 5:15; 눅 8:16; 11:33).

22 마태복음 10장 26절; 누가복음 8장 17절.

24 너희는 새겨들어라 - 즉, 너희가 듣는 것에 주의를 기울여라. 그래야 그 말씀의 효력이 너희에게 충분히 있을 것이다. 너희가 되질하여 주는 만큼 - 즉, 너희가 들은 것으로 너희가 더욱 나아진 만큼 너희가 도움도

얻게 될 것이다. 듣는 너희들에게 - 즉, 듣고 더 나아진 너희들에게.[7]

25 **가진 사람은** - 자기가 받은 것으로 자기 자신의 영혼뿐만 아니라 다른 사람의 영혼에 유익을 증진한 사람은(마 13:12; 눅 8:18).

26 **하나님 나라는 이렇게 비유할 수 있다** - 내면의 나라는(inward kingdom) **어떤 사람이 땅에 뿌린 씨앗과 같다** - 복음 전파자는 이것을 마음속에 뿌린다. 그리고 그는 **밤과 낮에 자고 일어난다** - 즉, 그는 자기 생각 속에 이것을 계속해서 간직하고 있다. 그러는 동안에 그것은 **싹이 나고 자라나지만, 그는 어떻게 그렇게 되는지 알지 못한다** - 심지어 자기가 심었는데도 그것이 어떻게 자라나는지 설명할 수 없다. 땅이라는 것이 매우 흥미로운 작용을 해서 아무리 위대한 철학자도 그것을 다 이해하지 못한다. 이러한 땅은 저절로 먼저 잎을 내고, 그다음에는 곡식 귀가 나고, 그 곡식 귀에서 온전한 낟알이 맺힌다. 이와 마찬가지로 사람의 영혼도 설명하기 어려운 방식으로 싹이 자라고, 처음에는 미약하였지만, 나중에는 점점 강해져서 온전히 거룩하게 된다. 그리고 이 모든 것은 마치 자체의 힘으로 움직이는 기계처럼 저절로 일어난다. 그런데 이 비교가 얼마나 놀랍도록 정확하게 이루어지는지 보라. 사람이 돌보거나 수고하지 않으면 그리고 하늘의 선하신 힘이 없다면 땅은 낟알을 생산하지 못한다(마치 영혼이 거룩함을 열매 맺지 못하듯이).

29 **낫을 댄다** - 하나님께서는 추수하여 낟알을 모아 자신의 곳간에 넣어두신다.

30 마태복음 13장 31절; 누가복음 13장 18절.

33 **예수께서는, 그들이 알아들을 수 있는 정도로** - 자신의 말씀을 듣는 사람들의 능력에 알맞게 맞추셨다. 그리고 그 사람들이 상처받지 않도록 하면서도 최대한 알아듣기 쉽게 말씀하셨다. 이 점은 다른 사람들을

가르치는 사람들이 꼭 염두에 두어야 할 법칙이다.

35 마태복음 8장 23절; 누가복음 8장 22절.

36 **그들은 예수를 배에 계신 그대로 모시고 갔는데** – 그들은 예수께서 사람들에게 말씀을 전하실 때 배에 타고 계셨는데, 그분께서 그 배에 타고 계신 그대로 그분을 태우고 떠났다.

38 **베개를** – 영어로는 이것을 가리키는 적절한 단어가 없어서 이런 식으로 번역했는데, 이것은 배의 방향타가 있는 부분 근처의 한 부분을 가리키는 단어이며, 그분께서는 그 위에 누우셨다.

39 **고요하라** – 그만 출렁거려라. **잠잠하여라** – 울부짖지 말라. 문자 그대로 번역하자면, 입을 다물고 있어라.

## 역자 해설

예수님은 이제 사탄이 주인 행세하는 시절은 끝났고, 이제는 참 주인이신 하나님께서 통치하시는 시대가 열렸다고 선언하셨습니다(1:14-15). 그리고 그 나라의 모습을 직접 보여주시면서 사람들을 그리로 초청하십니다. 예수님께서는 직접 말씀을 전파하시고 악한 귀신을 쫓아내시면서(1:22, 27) 제자들에게도 그 일을 맡기셨습니다(3:14). 예수님과 제자들의 사역으로 수많은 사람이 몰려들어 기적을 체험하고 말씀을 듣습니다. 이제 예수님께서는 한 가지 비유를 들어 하나님 나라로 초대하십니다.

이 비유는 흔히 씨뿌리는 사람의 비유라고 알려졌지만 정확히 말하면 땅의 비유입니다. 길가, 돌밭, 가시밭 그리고 옥토와 같은 네 가지 종류의 토질이 나옵니다. 사람들은 같은 자리에서 같은 말씀을 들으며, 예수님께서 일으키신 놀라운 기적도 똑같이 봅니다. 그러나 어떤 이에게 그 말씀과 기적은 아무런 효과가 없습니다. 하지만 또 다른 이에게는 그것이 큰 변화를 가져옵니다. 비유를 말씀하신 후에 예수님은 그 의미를 설명해주십니다.

우리에게 찾아오신 예수님은 때로는 말씀을 통해서, 때로는 어떤 사건이나 계기를 통해서 우리의 마음 문을 두드리시며 우리 안에 들어오시려고 합니다. 그래서 우리 마음과 삶 속에 하나님의 나라를 이루어놓으려 하십니다. 그러나 우리의 연약함으로 인해 우리의 마음은 사탄에게 빼앗길 때가 많습니다. 때로는 은혜로운 말씀과 우리 마음을 어루만

지는 사건으로 우리 마음이 열리고 주님께로 돌아서지만, 우리의 결심이 부족하기에 얼마 못 가서 다시 옛 생활이 주던 그 달콤함의 유혹에 넘어가 그 옛날 방식으로 되돌아갈 때도 많습니다. 혹은 간절히 바라던 소원이 이루어지지 않거나 우리의 계획대로 되지 않을 때, 육신의 질병이나 우리 마음을 어지럽히는 여러 가지 자잘한 일들로 인해 마음이 낙심하여 하나님을 우리 마음에서 밀어낼 때도 있습니다.

그러나 예수님은 말씀이 우리 마음속에 깊이 뿌리를 내리도록 고운 마음 밭을 간직하라고 말씀하십니다. 만일 우리의 시선이 하나님 외에 다른 것을 향하지 않는다면(『표준설교』24), 농부이신 하나님께(요 15:1) 우리의 모든 것을 맡겨드린다면, 말씀은 우리 마음 밭에 깊이 뿌리를 내릴 것이고 겨자씨처럼 작았던 하나님 나라는 우리도 모르는 새 어느덧 (4:26-29) 큰 그늘을 만드는 나무로 자랄 것입니다(4:30-32).

예수님 주변에 둘러앉아 이 비유의 말씀을 처음 들었던 2천 년 전 당시 사람들은 이 말씀을 듣고 무슨 생각을 했을까요? 혹은 그로부터 약 40년이 흐른 뒤 마가가 전해주는 이 예수님 이야기를 듣던 초대 교인들은 무슨 생각이 들었을까요? 이들의 삶은 그리 편하고 쉬운 삶이 아니었습니다. 삶을 위협하는 가난, 로마 제국의 폭력과 착취와 박해, 열악한 삶의 환경. 그러나 아무 힘도 쓸 수 없던 그들은 이 말씀을 듣고 어떤 생각을 했을까요? 이들의 삶은 길가의 새, 돌, 질식하게 만드는 가시덤불로 가득한 삶이었습니다. 그러나 그 어려운 상황에도 꿋꿋하게 믿음을 지켜낸 이들이 초대 교인들이었습니다. 오늘날에는 다른 종류의 어려움이 우리를 둘러싸고 있습니다. 비록 그들처럼 생존의 위협을 받을 정도는 아닙니다. 그러기에 더욱 그 유혹이 큽니다. 외부의 유혹 못지않게 마음의 유혹이 너무나 강하기 때문입니다. 하지만 주님은 우리에게 물으십니다. 너는 어떤 마음 밭을 가진 사람이 될 것인가? 그리고 하나님 나라로 가는 그 길로 우리를 오라고 부르십니다.

# 마가복음 5장

¹ 그들은 바다 건너편 거라사 사람들의 지역으로 갔다. ² 예수께서 배에서 내리시니, 곧 악한 귀신 들린 사람 하나가 무덤 사이에서 나와서, 예수와 만났다. ³ 그는 무덤 사이에서 사는데, 이제는 아무도 그를 쇠사슬로도 묶어 둘 수 없었다. ⁴ 여러 번 쇠고랑과 쇠사슬로 묶어 두었으나, 그는 쇠사슬도 끊고 쇠고랑도 부수었다. 아무도 그를 휘어잡을 수 없었다. ⁵ 그는 밤낮 무덤 사이나 산 속에서 살면서, 소리를 질러 대고, 돌로 제 몸에 상처를 내곤 하였다. ⁶ 그가 멀리서 예수를 보고, 달려와 엎드려서 ⁷ 큰소리로 외쳤다. "더 없이 높으신 하나님의 아들 예수님, 나와 무슨 상관이 있습니까? 하나님을 두고 애원합니다. 제발 나를 괴롭히지 마십시오." ⁸ 그것은 예수께서 이미 그에게 "악한 귀신아, 그 사람에게서 나가라" 하고 명하셨기 때문이다. ⁹ 예수께서 그에게 물으셨다. "네 이름이 무엇이냐?" 그가 대답하였다. "군대입니다. 우리의 수가 많기 때문에 붙여진 이름입니다." ¹⁰ 그리고는, 자기들을 그 지역에서 내쫓지 말아 달라고 예수께 간청하였다. ¹¹ 마침 그 곳 산기슭에 놓아 기르는 큰 돼지 떼가 있었다. ¹² 귀신들이 예수께 간청하였다. "우리를 돼지들에게로 보내셔서, 그것들 속으로 들어가게 해주십시오." ¹³ 예수께서 허락하시니, 악한 귀신들이 나와서, 돼지들 속으로 들어갔다. 거의 이천 마리나 되는 돼지 떼가 바다 쪽으로 비탈을 내리달아, 바다에 빠

져 죽었다. **¹⁴** 돼지를 치던 사람들이 달아나 읍내와 시골에 이 일을 알렸다. 사람들은 일어난 일이 무엇인지 보러 왔다. **¹⁵** 그들은 예수에게 와서, 귀신 들린 사람 곧 군대 귀신에 사로잡혔던 사람이 옷을 입고 제정신이 들어 앉아 있는 것을 보고, 두려워하였다. **¹⁶** 처음부터 이 일을 본 사람들은, 귀신 들렸던 사람에게 일어난 일과 돼지 떼에게 일어난 일을 그들에게 이야기하였다. **¹⁷** 그러자 그들은 예수께, 자기네 지역을 떠나 달라고 간청하였다. **¹⁸** 예수께서 배에 오르실 때에, 귀신 들렸던 사람이 예수와 함께 있게 해 달라고 애원하였다. **¹⁹** 그러나 예수께서는 허락하지 않으시고, 그에게 말씀하셨다. "네 집으로 가서, 가족에게, 주님께서 너에게 큰 은혜를 베푸셔서 너를 불쌍히 여겨 주신 일을 이야기하여라." **²⁰** 그는 떠나가서, 예수께서 자기에게 하신 일을 데가볼리에 전파하였다. 그리하니 사람들이 다 놀랐다. **²¹** 예수께서 배를 타고 맞은편으로 다시 건너가시니, 큰 무리가 예수께로 모여들었다. 예수께서 바닷가에 계시는데, **²²** 회당장 가운데서 야이로라고 하는 사람이 찾아와서 예수를 뵙고, 그 발 아래에 엎드려서 **²³** 간곡히 청하였다. "내 어린 딸이 죽게 되었습니다. 오셔서, 그 아이에게 손을 얹어 고쳐 주시고, 살려 주십시오." **²⁴** 그래서 예수께서 그와 함께 가셨다. 큰 무리가 뒤따라오면서 예수를 밀어댔다. **²⁵** 그런데 열두 해 동안 혈루증을 앓아 온 여자가 있었다. **²⁶** 여러 의사에게 보이면서, 고생도 많이 하고, 재산도 다 없앴으나, 아무 효력이 없었고, 상태는 더 악화되었다. **²⁷** 이 여자가 예수의 소문을 듣고서, 뒤에서 무리 가운데로 끼여 들어와서는, 예수의 옷에 손을 대었다. **²⁸** (그 여자는 "내가 그의 옷에 손을 대기만 하여도 나을 터인데!" 하고 생각하고 있었던 것이다.) **²⁹** 그래서 곧 출혈의 근원이 마르니, 그 여자는 몸이 나은 것을 느꼈다. **³⁰** 예수께서는 곧 자기에게서 능력이 나간 것을 몸으로 느끼시고, 무리 가운데서 돌아서서 "누가 내 옷에 손을 대었느냐?" 하고 물으셨다. **³¹** 제자들이 예수께 "무리가 선생님을 에워싸고 떠밀고 있는데, 누가 손을 대었느냐고 물으십니까?" 하고 반문하였다. <sup>32</sup> 그러나 예수께서는 그렇게 한 여자를 보려고 둘러보셨다. <sup>33</sup> 그 여자는 자기에게 일어난 일을 알므로, 두려워하여 떨면서, 예수께로 나아와 엎드려서 사실대로 다 말하였다. <sup>34</sup> 그러자 예수께서 그 여자에게 말씀하셨다. "딸아, 네 믿음이 너를 구원하였다. 안심하고 가거라. 그리고 이 병에서 벗어나서 건강하여라." <sup>35</sup> 예수께서 말씀을 계속하고 계시는데, 회당장의 집에서 사람들이 와서, 회당장에게 말하였다. "따님이 죽었습니다. 이제 선생님을 더 괴롭혀서 무엇하겠습니까?" <sup>36</sup> 예수께서 이 말을 곁에서 들으시고서, 회당장에게 말씀하셨다. "두려워하지 말고 믿기만 하여라." <sup>37</sup> 그리고 베드로와 야고보와 <u>야고보의 동생 요한</u> 밖에는, 아무도 따라오는 것을 허락하지 않으셨다. <sup>38</sup> 그들이 회당장의 집에 이르렀다. 예수께서 사람들이 울며 통곡하며 떠드는 것을 보시고, <sup>39</sup> 들어가셔서, 그들에게 말씀하셨다. "어찌하여 떠들며 울고 있느냐? 그 아이는 죽은 것이 아니라 자고 있다." <sup>40</sup> <u>그들은 예수를 비웃었다.</u> 그러나 예수께서는 그들을 다 내보내신 뒤에, 아이의 부모와 일행을 데리고, 아이가 있는 곳으로 들어가셨다. <sup>41</sup> 그리고 아이의 손을 잡으시고 말씀하셨다. "달리다굼!" <small>(이는 번역하면 "소녀야, 내가 네게 말한다. 일어나거라" 하는 말이다.)</small> <sup>42</sup> 그러자 소녀는 곧 일어나서 걸어다녔다. 소녀의 나이는 열두 살이었다. 사람들은 크게 놀랐다. <sup>43</sup> 예수께서, 이 일을 아무에게도 알리지 말라고 그들에게 엄하게 명하시고, <u>소녀에게 먹을 것을 주라고 말씀하셨다.</u>

# 웨슬리와 함께 읽기

1 마태복음 8장 28절; 누가복음 8장 26절.

2 악한 귀신 사람 하나가 예수와 만났다 - 성 마태는 두 사람이라고 언급한다. 아마도 여기에서 언급된 이 사람은 그중에서 특히 눈에 띄도록 사납고 통제 불능이었던 사람을 언급한 것 같다.

9 내 이름은 레기온입니다! 왜냐하면 우리가 많기 때문입니다 - 하지만 이 모든 것은 한 명의 대장의 지휘 아래에 있는 것 같다. 그래서 이 사람은 그들과 자기 자신으로서 동시에 말하고 있다.

15 그들은 두려워하였다 - 어쩌면 만약에 그들이 두려워하지 않았더라면 폭력적인 것까지는 아니더라도 그분께 무례하게 굴었을 것이다.

18 마태복음 9장 1절; 누가복음 8장 37절

19 주님께서 너에게 큰 은혜를 베푸셔서 너를 불쌍히 여겨주신 일을 이야기하여라 - 이것은 특별히 그곳에 필요한 일이었다. 왜냐하면 그리스도께서는 개인적으로 그곳으로 가지 않으셨기 때문이다.

20 그는 데가볼리에 전파하였다 - 자신의 집뿐만 아니라 예수께서 가지 않으신 모든 지방에서.

21 누가복음 8장 40절.

22 **회당장 가운데서 한 사람** – 모든 회당에서 업무를 주관하기 위해서 권위 있는 사람들로 구성된 위원회가 있었다. 이 위원회를 주재하는 사람을 가리켜서 회당장이라고 불렸다. 때로는 한 회당 안에 회당장이 하나도 없는 예도 있었다(마 9:18; 눅 8:41).

25 마태복음 9장 20절; 누가복음 8장 43절.

37 **야고보의 동생 요한** – 성 마가가 마가복음을 썼을 때는 우리 주님께서 승천하신 지 얼마 안 되었을 때였는데, 근래에 참수당한 성 야고보에 대한 기억은 아주 생생했다. 그래서 야고보의 이름은 요한보다도 더 잘 알려져 있었다.[8]

40 **그와 함께 있던 사람들** – 베드로, 야고보, 요한.

43 **아무에게도 알리지 말라고 그들에게 엄하게 명하시고** – 행여 모든 헛된 영광이 드러나는 것을 피하시려고 그분은 이렇게 하셨다. 또한, 그분께서 이렇게 하신 이유는 사람들이 너무 많이 몰려들지 않도록 하기 위함이었고, 율법학자들이나 바리새인들의 화를 돋우어 자신을 대적하지 않도록 하시기 위함이었다. 이는 그분께서 돌아가실 때나 그분의 영광이 온전히 드러나는 때가 아직 되지 않았기 때문이었다.[9] **소녀에게 먹을 것을 주라고 말씀하셨다** – 우리가 (즉각적으로 효력이 나타나는 기적을 통해서라 할지라도) 사람의 육체나 영혼을 회복시킬 때는 그 생명을 보존하기 위해서 모든 적절한 수단을 다 활용해야 한다.

## 역자 해설

예수님은 사람들에게 어떤 마음 밭을 가진 사람이 될 것인지 도전을 주시고 그 천국 길로 초대하신 후에 그 길로 인도하는 자신이 누구이신지 드러내 보이십니다. 4장 35-41절은 풍랑을 잔잔케 하시는 예수님 이야기를 전합니다. 풍랑이 일어 죽게 되었는데 예수님은 속 편하게 주무시니 제자들이 화가 좀 났습니다(4:38). 이에 예수님은 바람과 바다를 꾸짖으셔서 잠잠하게 하신 후에 제자들을 꾸짖으십니다. 마가는 예수님이 바람과 바다를 꾸짖으셨다고 하는데, 사실 사람이나 동물은 몰라도 자연은 꾸짖음의 대상이 될 수 없습니다. 이는 자연이 악한 영의 세력에 의해 지배받고 있다는 것을 뜻합니다. 특히 바다는 더욱 그러합니다(욥 7:12; 26:13; 시 148:7; 암 9:3).

제자들은 그 앞에서 두려워 떨고 있습니다. 예수님은 이것을 평범한 공포의 문제가 아닌 믿음의 문제로 보십니다(4:40). 그들의 배에는 예수님이 타고 계시는데 그들은 그분을 알지도(4:41), 의지하지도 못하고 눈에 보이는 무서운 광풍에 굴복했기 때문입니다. 믿음은 보이는 것 너머에 있는 보이지 않는 것을 보게 해주는 힘이 있습니다(히 11:1-2). 그런 믿음을 가지려면 먼저 그 믿음의 근원이신 예수님이 누구신지 알아야 합니다.

이에 예수님은 또 다른 사건을 통해 자기가 누구신지 보이십니다. 5장 전반부는 거라사 지역의 군대 귀신 들린 사람의 이야기를 전합니다.

악령은 첫눈에 예수님을 정확히 알아봅니다(5:7). 그는 군대라는 이름이 붙을 정도로 큰 세력입니다(5:9). 그러나 아무리 많고 힘이 세도 예수님 앞에 아무런 힘을 쓰지 못하고 자기들의 고향인 바다로 쫓겨갑니다. 이 렇게 예수님은 자신을 계시하셨습니다. 이에 이 사람은 새롭게 되어 예수님께서 자기에게 행하신 일을 전파하러 나갑니다(5:20). 그러나 이 동네 사람들은 악령에서 해방된 이웃과 기쁨을 나누기보다는 자신들이 입은 재산의 피해 때문에(5:16-17) 가시밭 사람들처럼(4:19) 예수님을 거부합니다.

이어 나오는 열두 해 동안 혈루증 앓던 여인이나 회당장 야이로 이야기(21-43절)도 믿음에 관한 이야기입니다. 혈루증을 앓던 여성도 정결례 규범과 무리의 가로막음 때문에 예수님 앞으로 나아오기 어려운 상황이었지만, 그녀의 믿음은 이를 이겨냅니다(34절). 좌절과 낙심의 상황에 부닥친 야이로(35절)에게 예수님은 믿음으로 이겨내라고 격려하십니다(36절). 36절에서 보듯이, 믿음의 장애물은 두려움입니다. 4장 41절에서 제자들이 믿음이 없었던 것은 두려움이 그들의 믿음을 압도했기 때문입니다. 믿음의 길을 갈 때 많은 두려움이 있습니다. 두려움의 이유는 많습니다. 실패에 대한 두려움, 조롱에 대한 두려움, 무엇을 잃게 되지는 않을까 하는 염려로 인한 두려움 등 수많은 믿음의 장애물들이 있습니다.

그러나 오늘 이야기에서 예수님은 그 믿음을 이겨내라고 하십니다. 그리고 그런 믿음을 가지기 위해 가장 중요한 것은 예수님이 어떤 분이신지 분명하게 알고 그분을 신뢰하며 의지하는 것입니다. 믿음은 하나님 나라로 가는 우리의 신앙 여정을 성공적으로 잘 마칠 때까지 우리를 인도해주는 힘입니다. 그리고 그 믿음을 잃지 않도록 오늘도 성령께서 우리를 인도하십니다.

# 마가복음 6장

¹ 예수께서 거기를 떠나서 고향에 가시니, 제자들도 따라갔다. ² 안식일이 되어서, 예수께서 회당에서 가르치기 시작하셨다. 많은 사람이 듣고, 놀라서 말하였다. "이 사람이 어디에서 이런 모든 것을 얻었을까? 이 사람에게 있는 지혜는 어떤 것일까? 그가 어떻게 그 손으로 이런 기적들을 일으킬까? ³ 이 사람은 마리아의 아들 목수가 아닌가? 그는 야고보와 요셉과 유다와 시몬의 형이 아닌가? 또 그의 누이들은 모두 우리와 같이 여기에 살고 있지 않은가?" 그러면서 그들은 예수를 달갑지 않게 여겼다. ⁴ 그래서 예수께서 그들에게 말씀하셨다. "예언자는 자기 고향과 자기 친척과 자기 집 밖에서는, 존경을 받지 않는 법이 없다." ⁵ 예수께서는 다만 몇몇 병자에게 손을 얹어서 고쳐 주신 것 밖에는, 거기서는 아무 기적도 행하실 수 없었다. ⁶ 그리고 그들이 믿지 않는 것에 놀라셨다. 그리고 예수께서는 마을들을 두루 돌아다니시며 가르치셨다. ⁷ 그리고 열두 제자를 가까이 부르셔서, 그들을 둘씩 둘씩 보내시며, 그들에게 악한 귀신을 억누르는 권능을 주셨다. ⁸ 그리고 그들에게 명하시기를, 길을 떠날 때에는, 지팡이 하나 밖에는 아무것도 가지고 가지 말고, 빵이나 자루도 지니지 말고, 전대에 동전도 넣어 가지 말고, ⁹ 다만 신발은 신되, 옷은 두 벌 가지지 말라고 하셨다. ¹⁰ 또 그들에게 말씀하셨다. "어디서 어느 집에 들어가든지, 그 곳을 떠날 때

까지 거기에 머물러 있어라. **11** 어느 곳에서든지, 너희를 영접하지 않거나, 너희의 말을 듣지 않거든, 그 곳을 떠날 때에 너희의 발에 묻은 먼지를 떨어서, 그들을 고발할 증거물로 삼아라." **12** 그들은 나가서, 회개하라고 선포하였다. **13** 그들은 많은 귀신을 쫓아내며, 수많은 병자에게 기름을 발라서 병을 고쳐 주었다. **14** 예수의 이름이 널리 알려지니, 헤롯 왕이 그 소문을 들었다. 사람들은 말하기를 "세례자 요한이, 죽은 사람들 가운데서 살아났다. 그 때문에 그가 이런 놀라운 능력을 발휘하는 것이다" 하고, **15** 또 더러는 말하기를 "그는 엘리야다" 하고, 또 더러는 "옛 예언자들 가운데 한 사람과 같은 예언자다" 하였다. **16** 그런데 헤롯이 이런 소문을 듣고서 말하기를 "내가 목을 벤 그 요한이 살아났구나" 하였다. **17** 헤롯은 요한을 잡아오게 하여서, 옥에 가둔 일이 있었다. 헤롯이 자기와 형제간인 빌립의 아내 헤로디아 때문에 그렇게 했던 것이다. 헤롯이 그 여자를 아내로 맞았으므로, **18** 요한이 헤롯에게 형제의 아내를 차지하는 것은 옳지 않다고 말해왔기 때문이다. **19** 그래서 헤로디아는 요한에게 원한을 품고, 요한을 죽이고자 하였으나, 뜻을 이루지 못하였다. **20** 그것은, 헤롯이 요한을 의롭고 성스러운 사람으로 알고, 그를 두려워하며 보호해 주었고, 또 그의 말을 들으면 몹시 괴로워하면서도 오히려 달게 들었기 때문이다. **21** 그런데 좋은 기회가 왔다. 헤롯이 자기 생일에 고관들과 천부장들과 갈릴리의 요인들을 청하여 놓고, 잔치를 베풀었는데, **22** 헤로디아의 딸이 춤을 추어서, 헤롯과 그 자리에 앉아 있는 사람들을 즐겁게 해주었다. 왕이 소녀에게 말하였다. "네 소원을 말해 보아라. 내가 들어주마." **23** 그리고 그 소녀에게 굳게 맹세하였다. "네가 원하는 것이면, 이 나라의 절반이라도 주겠다." **24** 소녀가 바깥으로 나가서, 자기 어머니에게 말하였다. "무엇을 달라고 청할까요?" 그 어머니가 말하였다. "세례자 요한의 머리를 달라고 하여라." **25** 소녀는 급히 왕에게로 돌아와서 청하였다. "곧바로 서둘러서 세례자 요한의 머리를 쟁반에 담아서 내게 주십시오." **26** 왕은 마음이 몹시 괴로웠지만, 맹세한 것과 거기에 함께 앉아 있는 사람들 때문에, 소녀가 달라는 것을 거절할 수 없었다. <sup>27</sup> 그래서 왕은 곧 호위병을 보내서, 요한의 목을 베어 오게 하였다. 호위병은 나가서, 감옥에서 요한의 목을 베어서, <sup>28</sup> 쟁반에 담아 소녀에게 주고, 소녀는 그것을 자기 어머니에게 주었다. <sup>29</sup> 요한의 제자들이 이 소식을 듣고 와서, 그 시체를 거두어다가 무덤에 안장하였다. <sup>30</sup> 사도들이 예수께로 몰려와서, 자기들이 한 일과 가르친 일을 다 그에게 보고하였다. <sup>31</sup> 그 때에 예수께서 그들에게 말씀하셨다. "너희는 따로 외딴 곳으로 와서, 좀 쉬어라." 거기에는 오고가는 사람이 하도 많아서 음식을 먹을 겨를조차 없었기 때문이다. <sup>32</sup> 그래서 그들은 배를 타고, 따로 외딴 곳으로 떠나갔다. <sup>33</sup> 그런데 많은 사람이 이것을 보고, 그들인 줄 알고, 여러 마을에서 발걸음을 재촉하여 그 곳으로 함께 달려가서, 그들보다 먼저 그 곳에 이르렀다. <sup>34</sup> 예수께서 배에서 내려서 큰 무리를 보시고, 그들이 마치 목자 없는 양과 같으므로, 그들을 불쌍히 여기셨다. 그래서 그들에게 여러 가지로 가르치기 시작하셨다. <sup>35</sup> 날이 이미 저물었으므로, 제자들이 예수께 다가와서 말하였다. "여기는 빈 들이고 날도 이미 저물었습니다. <sup>36</sup> 이 사람들을 헤쳐, 제각기 먹을 것을 사 먹게 근방에 있는 농가나 마을로 보내시는 것이 좋겠습니다." <sup>37</sup> 예수께서 그들에게 말씀하셨다. "너희가 그들에게 먹을 것을 주어라." 제자들이 그에게 말하였다. "그러면 우리가 가서 빵 이백 데나리온 어치를 사다가 그들에게 먹이라는 말씀입니까?" <sup>38</sup> 예수께서 그들에게 말씀하셨다. "너희에게 빵이 얼마나 있느냐? 가서, 알아보아라." 그들이 알아보고 말하였다. "빵 다섯 개와 물고기 두 마리가 있습니다." <sup>39</sup> 예수께서는 제자들에게 명하여, 모두들 떼를 지어 푸른 풀밭에 앉게 하셨다. <sup>40</sup> 그들은 백 명씩 또는 쉰 명씩 떼를 지어 앉았다. <sup>41</sup> 예수께서 빵 다섯 개와 물고기 두 마리를 들어서, 하늘을 처다보고 축복하신 다음에, 빵을 떼어서 제자들에게 주시고 사람들에게 나누어 주게 하셨다. 그리고 그 물고기 두 마리도 모든 사람에게 나누어 주셨다. <sup>42</sup> 그들은 모두 배불리 먹었다. <sup>43</sup> 빵 부스러기와 물고기 남은 것을 주워 모으니, 열두 광주리에 가득 찼다. <sup>44</sup> 빵을 먹은 사람은 남자 어른만도 오천 명이었다. <sup>45</sup> 예수께서는 곧 제자들을 재촉하여, 배를 태워, 자기보다 먼저 건너편 벳새다로 가게 하시고, 그 동안에 무리를 헤쳐 보내셨다. <sup>46</sup> 그들과 헤어지신 뒤에, 예수께서는 기도하시려고 산에 올라가셨다. <sup>47</sup> 날이 저물었을 때에, 제자들이 탄 배는 바다 한가운데 있었고, 예수께서는 홀로 뭍에 계셨다. <sup>48</sup> 그런데 예수께서는, 그들이 노를 젓느라고 몹시 애쓰는 것을 보셨다. 바람이 거슬러서 불어왔기 때문이다. 이른 새벽에 예수께서 바다 위를 걸어서 그들에게로 가시다가, 그들을 지나쳐 가려고 하셨다. <sup>49</sup> 제자들은 예수께서 바다 위로 걸어오시는 것을 보고, 유령으로 생각하고 소리쳤다. <sup>50</sup> 그를 보고, 모두 놀랐기 때문이다. 그러나 예수께서 곧 그들에게 말씀하셨다. "안심하여라. 나다. 두려워하지 말아라." <sup>51</sup> 그리고 예수께서 그들이 탄 배에 오르시니, 바람이 그쳤다. 그래서 제자들은 몹시 놀랐다. <sup>52</sup> 그들은 빵을 먹이신 기적을 깨닫지 못하고, 마음이 무뎌져 있었다. <sup>53</sup> 그들은 바다를 건너가서, 게네사렛 땅에 이르러 닻을 내렸다. <sup>54</sup> 그들이 배에서 내리니, 사람들이 곧 예수를 알아보고, <sup>55</sup> 그 온 지방을 뛰어다니면서, 예수가 어디에 계시든지, 병자들을 침상에 눕혀서 그 곳으로 데리고 오기 시작하였다. <sup>56</sup> 예수께서, 마을이든 도시이든 농촌이든, 어디에 들어가시든지, 사람들이 병자들을 장터거리에 데려다 놓고, 예수께 그 옷술만에라도 손을 대게 해달라고 간청하였다. 그리고 손을 댄 사람은 모두 병이 나았다.

# 웨슬리와 함께 읽기

1 마태복음 13장 54절; 누가복음 4장 16절.

3 목수가 아닌가 – 의심할 여지 없이 그분께서는 어린 시절에 육신의
아버지인 요셉과 함께 일하셨다.

5 아무 기적도 행하실 수 없었다 – 그분의 지혜와 선하심과는 어울리지
않게도. 그분은 그곳에서 자신의 위대한 목적을 진척시키실 수 없는데,
이러한 곳에서 그들에게 놀라운 일을 한다면 그것은 그분의 지혜에는
어울리지 않는 것이었다. 예수께서는 자기 고향 사람들이 자신들에게
어떠한 증거를 주더라도 그것을 거부할 것이라는 사실을 잘 알고 계셨
다는 점을 볼 때, 그곳에서 기적을 행하시는 것은 그분의 선하심에 어
울릴 수 없는 것이었다. 따라서 그들에게 더 이상의 증거를 내미는 것
은 그들이 받을 저주만 키워주는 셈이었다.[10)

6 놀라셨다 – 인간으로서. 그러나 하나님으로서 보실 때는 어떤 것도 이
상할 것이 없으셨다.

7 마태복음 10장 1절; 누가복음 9장 1절.

8 그들에게 명하시기를 길을 떠날 때는 아무것도 가지고 가지 말고 – 그
들이 아무것도 지니지 말고 자유롭게 떠날 수 있도록. 지팡이 하나만 가

지고 – 하나를 가지고 있다면 그것은 가져가도 좋다고. 그러나 그 하나마저도 없다면 굳이 새로 구하지 말고 그냥 없는 채로(마 10:9; 눅 9:3).

9 신발은 신되 – 평소에 하듯이. 신발은 질긴 가죽 조각이나 나무로 만든 것인데, 발바닥 아래로 끈을 묶어서 만들었고 오늘날의 나막신 같은 것이었다. 성 마태가 휴대를 금지한 신발은 일종의 짧은 부츠인데, 다리 중간 부분 위까지 올라온 것이었다. 이러한 종류의 신발은 당시에 여행할 때 흔히 신던 것이었다. 우리 주님께서는 이러한 임무를 받아서 그들이 사도로서의 사역을 시작하도록 의도하셨다. 그들은 이처럼 먼 길을 떠날 때 아무것도 가지지 않은 채, 자기가 가진 모든 것을 내려둔 채 떠났다. 이렇게 함으로써 우리 주님께서는 그들이 이후에 자신들의 삶 속에서 자기들이 그렇게 떠났을 때 하나님께서 어떻게 자기들을 돌보셨는지 회상할 수 있도록 하신 것이었다. 이런 방식으로 우리 주님께서는 친히 그들이 이것을 생각하도록 하신 것이었다(눅 22:35). – "내가 너희를 보낼 때 너희는 지갑이나 돈도 없이 나갔지만, 너희에게 부족한 것은 하나도 없었다."

10 마태복음 10장 11절; 누가복음 9장 4절.

12 누가복음 9장 6절.

13 그들은 병자에게 기름을 발라 주었다 – 성 야고보는 여기에 구체적으로 말을 덧붙여서 이런 방식을 일반적으로 사용하는 방법으로 제안했다(약 5:14, 15). 주께서 그를 고쳐주실 것이다 – 건강을 회복할 것이다. 그가 건강을 회복하는 것은 기름이 가지고 있는 자연적인 효능 덕분이 아니라 하나님의 초자연적인 축복 덕분이다. 이런 방식은 도유(塗油)라는 것이 활용되거나 알려지기 훨씬 오래전에 (이와 유사한 것은 아주 드물다) 기독교 교회 안에서 큰 병에 걸린 사람을 치유하는 중요한 방법이었던 것 같

다. 기름을 발라서 병을 고치는 것은 건강을 위한 수단으로만 사용했던 반면, 기름을 바르는 의식은 죽어가는 사람에게만 사용했었다.

14 마태복음 14장 1절; 누가복음 9장 7절.

15 옛 예언자들 가운데 한 사람과 같은 예언자다 – 옛날의 예언자보다 열등하지 않은.

16 헤롯이 이런 소문을 듣고서 – 그분께 대한 여러 가지 의견들에 대해서 듣고. 그러나 여전히 그는 "그는 요한이다"라고 말한다.

20 그를 보호해 주었고 – 헤롯 당원들이 온갖 악담을 하고 모략을 꾸몄지만. 그의 말을 들으면 – 아마도 요한이 1년 반 동안 옥에 갇혀 있을 때 그에게 때때로 사람을 보내서 들었다. 달게 들었다 – 거짓 기쁨이다! 헤로디아를 자기 품에 품고 있으면서 어찌 진정으로 그의 말을 기쁘게 들었겠는가?

21 좋은 기회 – 그녀의 목적을 달성하기에 좋은 기회. 그의 군주들, 천부장들과 갈릴리의 요인들 – 궁정과 군대와 지방의 유력한 사람들.

23 내 나라의 절반 – 이것은 관용적 표현이다.

26 맹세한 것과 거기에 함께 앉아 있는 사람들 때문에 – 헤롯의 명예라는 것은 대제사장들의 양심과 같은 것이었다(마 27:6). 자기의 맹세와 손님들 앞에서의 자기 체면도 지키기 위해 무고한 피를 흘리게 한 것이다.

30 누가복음 9장 10절.

31 마태복음 14장 13절; 요한복음 6장 1절.

32 그들은 떠나갔다 – 개울이나 한쪽을 건너서.

34 내려서 – 배에서 내려서.

40 그들은 떼를 지어 앉았다 – 이 말은 동산에 있는 반원형 자리나 바닥을 가리킨다. 이것을 은유적 표현으로 본다면, 사람들이 질서 있게 백

명씩 혹은 오십 명씩 무리를 이룬 것이다 – 즉, 가로로 오십 명씩, 세로로는 백 명씩. 이리하여 100 곱하기 50으로 계산하여 오천 명이 되는 것이다.

43 부스러기를 주워 모으니 – 빵 조각을 가리킨다.

45 자기 제자들을 재촉하여 – 제자들은 그분 없이 가는 것에 대해 그다지 신경 쓰지 않았다(마 14:22).

46 마태복음 14장 23절; 요한복음 6장 15절.

48 그분께서 그들을 보시고 – 어둠조차도 그분의 시야를 가로막을 수 없었다. 그들을 지나쳐 가려고 – 즉, 마치 그냥 지나가는 것처럼 걸어가셨다.

52 그들의 마음이 무뎌져 있었다 – 그렇다고 그들이 타락한 것은 아니었다. 이 말은 그저 그들이 이해하는 데 좀 늦고 둔했다는 뜻이다.

53 마태복음 14장 34절; 요한복음 6장 21절.

## 역자 해설

5장에서는 예수님이 누구신지 제대로 알아보고 그분을 향한 신뢰, 즉 믿음을 놓지 않았던 사람들이 어떻게 장애물을 이겨내는지 볼 수 있었습니다. 6장에서는 이와 반대의 모습을 보이는 사람들의 이야기가 펼쳐집니다. 예수님은 고향에 가셨는데 거기에서 친척들이 예수님을 홀대합니다. 우리나라도 그랬지만, 고대 이스라엘 역시 씨족 집단 마을을 형성했기에 나사렛 고향에는 인간적으로 보면 예수님의 친족들이 많았습니다. 3절에서 말하는 것을 쉽게 표현하면, 예수님이 자기 처남, 사촌, 어렸을 적 친구 등이라는 것입니다. 그러니 집을 나갔던 예수님이 유명해져서 어느 날 돌아왔는데 옛날 모습이 생각났던 게지요. 예수님은 목수의 아들이었고, 당시 관습에 따라 예수님도 목수 일을 했을 것이기에 예수님의 지혜와 언변에 놀랄 만도 합니다(2절).

앞서 우리는 3장에서 예수님이 귀신 들려 미쳤다는 소문을 듣고 예수님을 잡으러 왔던 마리아와 예수님의 동생들 이야기를 살펴보았습니다. 그때 예수님의 식구는 '바깥에 속한 사람'으로 하나님 나라에서 만들어진 새 가족에서 밀려납니다(3:31-35). 6장에서도 같은 일이 벌어집니다. 누구보다 예수님과 가까운 친척, 형제, 친구 등 고향 사람이 예수님을 제대로 알아보지도 못하고 도리어 달갑게 여기지 않으면서(6:3) 배척합니다. 따라서 이들에게는 믿음도 없고, 이 동네에서는 기적이 거의 일어나지 않습니다(6:5).

세례 요한의 죽음 이야기(6:14-29)는 제자들의 전도 이야기 사이에 끼어 들어간 이야기입니다(13절과 30절을 이어서 보세요). 이 이야기는 세례 요한이 어떻게 죽었는지 다루고 있지만, 이야기의 시작은 예수는 누구신가에 관한 질문으로 시작합니다(14-16절). 유대 고관들은 예수님은커녕 예수님을 전하는 선구자조차 제대로 알아보지 못하고 그의 목숨을 여자아이 춤값과 맞바꿉니다. 오천 명을 먹이시는 이야기도 비슷합니다. 제자들은 조금 전까지만 해도 마을을 다니면서 자기들 손으로 직접 귀신도 쫓는 등 놀라운 사역을 성공적으로 했는데도(6:6-13, 30), 무리를 먹이라는 예수님의 말씀을 듣고 그것은 불가능하다면서 뒤로 물러섭니다(6:37).

바로 이어지는 그들의 믿음은 순식간에 사라졌습니다. 물 위를 걸으시는 기적 사건에서도 이런 모습은 여지없이 드러납니다. 그들은 예수님의 모습을 유령으로 착각합니다. 마가는 이들의 심경을 '놀람'과 '두려움'이라고 표현합니다(50절). 이 두 표현은 마가복음에서 믿음이 없는 상태를 나타내는 대표적인 두 개의 용어입니다. 이와 비슷한 역할을 하는 표현으로는 '깨닫지 못한다'라는 말과 '무디다'라는 말입니다(52절). 이들은 불과 몇 시간 전에 자기들 눈으로 직접 놀라운 기적을 보고도 금세 믿음을 잃어버립니다(52절). 그들은 자신들이 직접 놀라운 일을 벌이기도 했건만, 이들은 마치 돌밭에 떨어진 씨앗처럼(4:16-17) 작은 어려움 앞에서 그만 겁을 내고 뒤로 물러서며 두려워 떨며 그 믿음을 잃어버립니다. 이런 제자들에게 예수님은 "안심하라. 나다. 두려워 말아라"라고 힘을 주십니다(50절).

예수님께서 믿음을 잃어버린 이들에게 힘을 주시는 방법은 바로 자기가 누구인지 그 정체를 상기시켜 주시는 것입니다. "나다"라고 하는 표현은 그리스어로 'ego eimi'인데, 이 표현은 불타는 떨기나무에서 하나님이 모세에게 자기를 계시하신 장면에서 사용된 바로 그 특별한 표현입니다(출 3:14). 물 위를 걸어오신, 즉 바다 괴물의 등을 짓밟고 오신(욥 9:8) 예수님은 자신이 누구인지 제자들이 상기하도록 해주십니다. 우리가 살면서 어려움을 겪을 때 믿음을 잃는 일은 종종 일어납니다. 그러나 결국 예수님을 향한 우리의 믿음을 갖고 있어야 이 모든 것을 이겨낼 수 있습니다. 그 믿음의 출발점은 예수님이 누구신지 다시 마음에 새기는 것입니다.

# 마가복음 7장

¹ 바리새파 사람들과 예루살렘에서 내려온 율법학자 몇 사람이 예수께로 몰려왔다. ² 그들은 예수의 제자들 가운데 몇 사람이 부정한 손 곧 씻지 않은 손으로 빵을 먹는 것을 보았다. ³ ―바리새파 사람과 모든 유대 사람은 장로들의 전통을 지켜, 규례대로 손을 씻지 않고서는 음식을 먹지 않았으며, ⁴ 또 시장에서 돌아오면, 몸을 정결하게 하지 않고서는 먹지 않았다. 그 밖에도 그들이 전해 받아 지키는 규례가 많이 있었는데, 그것은 곧 잔이나 단지나 놋그릇이나 침대를 씻는 일이다.― ⁵ 그래서 바리새파 사람들과 율법학자들이 예수께 물었다. "왜 당신의 제자들은 장로들이 전하여 준 전통을 따르지 않고, 부정한 손으로 음식을 먹습니까?" ⁶ 예수께서 그들에게 대답하셨다. "이사야가 너희 같은 위선자들을 두고 적절히 예언하였다. 이렇게 기록되어 있다. '이 백성은 입술로는 나를 공경해도, 마음은 내게서 멀리 떠나 있다. ⁷ 그들은 사람의 훈계를 교리로 가르치며, 나를 헛되이 예배한다.' ⁸ 너희는 하나님의 계명을 버리고, 사람의 전통을 지키고 있다." ⁹ 또 그들에게 말씀하셨다. "너희는 너희의 전통을 지키려고 하나님의 계명을 잘도 저버린다. ¹⁰ 모세가 말하기를 '네 아버지와 네 어머니를 공경하여라' 하고, 또 '아버지나 어머니를 욕하는 자는 반드시 죽을 것이다' 하였다. ¹¹ 그러나 너희는 말한다. 누구든지 아버지나 어머니에게 말하기를 '내

게서 받으실 것이 고르반(곧 하나님께 드리는 예물)이 되었습니다' 하고 말만 하면 그만
이라고 말한다. <sup>12</sup> 그러면서 아버지나 어머니에게 그 이상 아무것도 해 드리지
못하게 한다. <sup>13</sup> 너희는 너희가 물려받은 전통을 가지고, 하나님의 말씀을 헛되
게 하며, 또 이와 같은 일을 많이 한다." <sup>14</sup> 예수께서 다시 무리를 가까이 부르시
고서, 그들에게 말씀하셨다. "너희는 모두 내 말을 듣고 깨달아라. <sup>15</sup> 무엇이든
지 사람 밖에서 사람 안으로 들어가는 것으로서 그 사람을 더럽히는 것은 아무
것도 없다. <sup>16</sup> 사람에게서 나오는 것이 그 사람을 더럽힌다." <sup>17</sup> 예수께서 무리를
떠나 집으로 들어가셨을 때에, 제자들이 그 비유를 두고 물었다. <sup>18</sup> 예수께서 그
들에게 말씀하셨다. "너희도 아직 깨닫지 못하느냐? 밖에서 사람의 몸 속으로
들어가는 것이 사람을 더럽히지 못한다는 것을 알지 못하느냐? <sup>19</sup> 밖에서 사람
안으로 들어가는 것은 무엇이든지, 사람의 마음 속으로 들어가지 않고, 뱃속으
로 들어가서 뒤로 나가기 때문이다." 예수께서는 이런 말씀을 하여 모든 음식
은 깨끗하다고 하셨다. <sup>20</sup> 또 그들에게 말씀하셨다. "사람에게서 나오는 것, 그
것이 사람을 더럽힌다. <sup>21</sup> 나쁜 생각은 사람의 마음에서 나오는데, 곧 음행과 도
둑질과 살인과 <sup>22</sup> 간음과 탐욕과 악의와 사기와 방탕과 악한 시선과 모독과 교
만과 어리석음이다. <sup>23</sup> 이런 악한 것이 모두 속에서 나와서 사람을 더럽힌다." <sup>24</sup>
예수께서 거기에서 일어나셔서, 두로 지역으로 가셨다. 그리고 어떤 집에 들어
가셨는데, 아무도 그것을 모르기를 바라셨으나, 숨어 계실 수가 없었다. <sup>25</sup> 악한
귀신 들린 딸을 둔 여자가 곧바로 예수의 소문을 듣고 와서, 그의 발 앞에 엎드
렸다. <sup>26</sup> 그 여자는 그리스 사람으로서, 시로페니키아 출생인데, 자기 딸에게서
귀신을 쫓아내 달라고 예수께 간청하였다. <sup>27</sup> 예수께서 그 여자에게 말씀하셨
다. "자녀들을 먼저 배불리 먹여야 한다. 자녀들이 먹을 빵을 집어서 개들에게
던져 주는 것은 옳지 않다." <sup>28</sup> 그러나 그 여자가 예수께 말하였다. "주님, 그러
나 상 아래에 있는 개들도 자녀들이 흘리는 부스러기는 얻어먹습니다." <sup>29</sup> 그래

서 예수께서 그 여자에게 말씀하셨다. "네가 그렇게 말하니, 돌아가거라, 귀신이 네 딸에게서 나갔다." [30] 그 여자가 집에 돌아가서 보니, 아이는 침대에 누워 있고, 귀신은 이미 나가고 없었다. [31] 예수께서 다시 두로 지역을 떠나, 시돈을 거쳐서, 데가볼리 지역 가운데를 지나, 갈릴리 바다에 오셨다. [32] 그런데 사람들이 귀 먹고 말 더듬는 사람을 예수께 데리고 와서, 손을 얹어 주시기를 간청하였다. [33] 예수께서 그를 무리로부터 따로 데려가서, 손가락을 그의 귀에 넣고, 침을 뱉어서, 그의 혀에 손을 대셨다. [34] 그리고 하늘을 우러러보시고서 탄식하시고, 그에게 말씀하시기를 "에바다" 하셨다. (그것은 열리라는 뜻이다.) [35] 그러자 곧 그의 귀가 열리고 혀가 풀려서, 말을 똑바로 하였다. [36] 예수께서 이 일을 아무에게도 말하지 말라고 그들에게 명하셨으나, 말리면 말릴수록, 그들은 더욱더 널리 퍼뜨렸다. [37] 사람들이 몹시 놀라서 말하였다. "그가 하시는 일은 모두 훌륭하다. 듣지 못하는 사람도 듣게 하시고, 말 못하는 사람도 말하게 하신다."

# 웨슬리와 함께 읽기

1 **예루살렘에서 내려온** – 아마도 그분을 책잡을 기회를 잡으려고(마 15:1).

4 **잔이나 단지나 놋그릇이나 침대를 씻는 일** – 씻는다는 헬라어 단어(밥티즘)는 그저 씻거나 물을 뿌리는 행위를 의미한다. 컵이나 주전자, 그릇은 씻을 수 있지만, 침대에는 물을 뿌렸다.

5 **장로들의 전통** – 너희의 조상들로부터 전해 내려오는 규범.

6 이사야 29장 13절.

10 출애굽기 20장 12절; 출애굽기 21장 17절.

15 물론 이 말씀은 아주 지당하긴 하지만, 우리는 우리 자신의 건강을 해치는 음식을 먹음으로써 도덕적인 결함인 죄책감을 느낄 수 있다. 혹은 고기나 음료를 너무 지나치게 먹어서 그렇게 될 수 있는데, 여기에서도 마음의 사악함에서 더러움이 생겨날 수 있다. 그리고 많이 먹으면 먹을수록 그만큼 더 더러워지는 것이다. 우리 주님께서 말씀하시는 것이 바로 이 모든 것을 다 포함한다.

19 **모든 음식은 깨끗하다** – 아마도 좌석이 흐르는 물 위에 놓여있었을 것이다.[11]

22 **악의** – 이 단어는 악한 성품, 잔인함, 비인간적임 그리고 모든 악한

감정 등을 의미한다. **어리석음** – 모든 생각이나 대화에 있어서 맑은 정신 상태로 있는 것에 정반대가 되는 것을 가리킨다. 모든 종류의 방황하는 생각이나 허황한 감정도 가리킨다.

24 마태복음 15장 21절.

26 이 여인은 헬라(즉, 유대인이 아닌 이방인) 사이로페니키아 사람이거나 가나안 사람이었다. 가나안도 사이로페니키아로 불렸는데, 이 지역은 시리아와 페니키아 중간 지대에 있어서 그렇게 불린 것이다.

31 마태복음 15장 29절.

33 **그의 귀에 손가락을 넣고** – 아마도 우리가 알아서 그 사람에게 처방을 내려서는 안 되고(이 사람을 데려왔던 사람들이 하려고 했던 것처럼) 다만 그분께서 원하시는 대로 무엇이든지 그분의 축복을 기대해야 한다는 것을 우리에게 가르쳐주시려고 그렇게 하셨을 것이다. 그렇지만 이 사람을 고칠 때 사용하셨던 방법과 그 방법을 통해 얻은 좋은 결과 사이에 어떤 비례 관계나 유사한 점은 딱히 없다.

34 **에바다** – 이 단어는 '지엄한 권위'를 가진 말로서, 고치는 능력을 구하려고 하나님께 아뢰는 말이 아니다. 예수님께서는 굳이 그런 말을 하실 필요가 없으시다. 왜냐하면 그리스도께서는 자기 자신 안에 그러한 능력을 항상 갖추고 계시기 때문이다. 그래서 그분께서는 언제든지 자기가 원하시는 대로 모든 기적을, 심지어는 죽은 자를 살리는 기적까지도 하실 수 있으셨다(요 5:21, 26).

36 **그들에게** – 눈먼 사람과 그를 데려왔던 사람들에게.

# 역자 해설

7장에서 마가는 길가(4:4)와 옥토(4:8)의 예를 하나씩 보여줍니다. 바리새인과 '예루살렘에서 내려온' 율법학자(cf. 3:22) 무리가 먼저 등장합니다. 이들은 정결례 법규와 전통을 들고나와서 예수님을 공격합니다. 1-23절에 이르는 긴 이야기이지만 그들을 한마디로 요약하면 "하나님의 계명을 버리고 사람의 관습을 지키는"(8절) 사람입니다. 이들은 겉으로 보이는 자기 의로움에 도취되어 예수님의 제자들을 정죄합니다(5절).

실제로 당시 유대인들은 종교적 열정이 강해서 목숨과 맞바꿀 정도로 이런 규범을 철저하게 지켰습니다(마카베오상 2:34-38). 그러다 보니 교만에 빠져서 자기보다 못한 사람을 무시하며 깔보고 정죄하곤 했습니다. 이들은 자신들이 죄인이라고 생각하지 않기에 회개할 필요성도 못 느끼고 복음의 씨앗이 뿌리를 내릴 일조차 없습니다.

그러나 마가는 이어서 수로보니게 여인을 소개합니다. 이 여인은 이방 지역 출신의 그리스인입니다(7:26). 예루살렘 성전 출입 규정에 보이듯이 이방인은 제사장-이스라엘 남성-이스라엘 여성에 이어 가장 하층 구조에 자리 잡은 무시당하는 사람입니다. 게다가 남성도 아닌, 당시 관습에서 아이들과 더불어 제대로 사람 취급도 못 받던 여성입니다(cf. 마 14:21). 그런데 이 여인은 이 모든 장애물도 극복하고, 자신을 개 취급하면서 도움을 거절하시는 예수님의 시험(7:27)도 당당하게 이겨냅니다.

그렇다면 이 여인이 이 장애물들을 극복할 수 있게 해준 것은 무엇이었을까요? 그것은 그녀의 겸손입니다. 그녀는 "개들도 아이들이 흘려 땅에 떨어진 부스러기는 얻어먹는다"(28절)라고 하면서 겸손하게 예수님의 도우심을 구합니다. 웨슬리가 말했듯이, 하나님 나라로 들어가기 위한 첫걸음이 바로 이 가난한 심령, 즉 이런 겸손입니다(『표준설교』 16). 그녀의 겸손이 결국 기적을 만들어 냅니다(29-30절).

예수님은 귀먹고 말 더듬는 사람을 치유하시는데, 이때 그에게 "에바다"라고 말씀하십니다. 이 말의 뜻은 "열리라"라는 것입니다. 그리고 귀가 열리고 혀가 풀린 이 사람은 자신이 겪은 이 놀라운 일을 사방에 전파하는 전도자가 됩니다(7:35-36). 잘난 유대인들은 그 잘남 때문에 눈과 귀가 닫혔고 혀가 굳었습니다. 그러나 모든 것을 열어놓고 겸손히 주님의 도우심을 구했던 이방 여인은 구원을 받았습니다. 이에 마가는 우리에게 도전적인 질문을 던집니다. "여러분도 모든 것을 겸손히 내려놓고 주님의 도우심을 구하십시오. 그리하면 여러분의 귀가 열려 주님의 음성을 듣게 될 것이고, 여러분의 혀가 풀려 주님께서 여러분에게 하신 놀라운 일을 전파할 수 있게 될 것입니다."

이제 내 눈이 활짝 열려
그분의 용서하시는 사랑을 보게 되었네
이 자리에서 나는 죽으신 하나님을 보나니,
나는 파멸에서 구원받았네.
그분께서 내 눈에 진흙을 바르시니
나는 곧 보게 되었네.
축사하시고 나로 떡을 먹게 하시니
보라! 내 영혼이 믿게 되었네!
　　　　　　　　　- 웨슬리, 『성만찬 찬송』(Hymns on the Lord's Supper), 59

# 마가복음 8장

¹ 그 무렵에 다시 큰 무리가 모여 있었는데, 먹을 것이 없었다. 예수께서 제자들을 가까이 불러 놓고 말씀하셨다. ² "저 무리가 나와 함께 있은 지가 벌써 사흘이나 되었는데, 먹을 것이 없으니 가엾다. ³ 내가 그들을 굶은 채로 집으로 돌려보내면, 길에서 쓰러질 것이다. 더구나 그 가운데는 먼 데서 온 사람들도 있다." ⁴ 제자들이 예수께 말하였다. "이 빈 들에서, 어느 누가, 무슨 수로, 이 모든 사람이 먹을 빵을 장만할 수 있겠습니까?" ⁵ 예수께서 그들에게 물으셨다. "너희에게 빵이 몇 개나 있느냐?" 그들이 대답하였다. "일곱 개가 있습니다." ⁶ 예수께서는 무리에게 명하여 땅에 앉게 하셨다. 그리고 빵 일곱 개를 들어서, 감사 기도를 드리신 뒤에, 떼어서 제자들에게 주시고, 사람들에게 나누어 주게 하시니, 제자들이 무리에게 나누어 주었다. ⁷ 또 그들에게는 작은 물고기가 몇 마리 있었는데, 예수께서 그것을 축복하신 뒤에, 그것도 사람들에게 나누어 주게 하셨다. ⁸ 그리하여 사람들이 배불리 먹었으며, 남은 부스러기를 주워 모으니, 일곱 광주리에 가득 찼다. ⁹ 사람은 사천 명쯤이었다. 예수께서는 그들을 헤쳐 보내셨다. ¹⁰ 그리고 곧 제자들과 함께 배에 올라, 달마누다 지방으로 가셨다. ¹¹ 바리새파 사람들이 나와서는, 예수에게 시비를 걸기 시작하였다. 그들은 예수를 시험하느라고 그에게 하늘로부터 내리는 표징을 요구하였다. ¹² 예수께서는 마

음 속으로 깊이 탄식하시고서 말씀하셨다. "어찌하여 이 세대가 표징을 요구하는가! 내가 진정으로 너희에게 말한다. 이 세대는 아무 표징도 받지 못할 것이다." **13** 그리고 예수께서는 그들을 떠나, 다시 배를 타고 건너편으로 가셨다. **14** 제자들이 빵을 가져오는 것을 잊었다. 그래서 그들이 탄 배 안에는 빵이 한 개밖에 없었다. **15** 예수께서 제자들에게 경고하여 말씀하셨다. "너희는 주의하여라. 바리새파 사람의 누룩과 헤롯의 누룩을 조심하여라." **16** 제자들은 서로 수군거리기를 "우리에게 빵이 없어서 그러시는가 보다" 하였다. **17** 예수께서 이것을 아시고 말씀하셨다. "어찌하여 너희는 빵이 없는 것을 두고 수군거리느냐? 아직도 알지 못하고 깨닫지 못하느냐? 너희의 마음이 그렇게도 무디어 있느냐? **18** 너희는, 눈이 있어도 보지 못하고, 귀가 있어도 듣지 못하느냐? 기억하지 못하느냐? **19** 내가 빵 다섯 개를 오천 명에게 떼어 주었을 때에, 너희는 남은 빵 부스러기를 몇 광주리나 가득 거두었느냐?" 그들이 그에게 대답하였다. "열두 광주리입니다." **20** "빵 일곱 개를 사천 명에게 떼어 주었을 때에는, 남은 부스러기를 몇 광주리나 가득 거두었느냐?" 그들이 대답하였다. "일곱 광주리입니다." **21** 예수께서 그들에게 말씀하셨다. "너희가 아직도 깨닫지 못하느냐?" **22** 그리고 그들은 벳새다로 갔다. 사람들이 눈먼 사람 하나를 예수께 데려와서, 손을 대 주시기를 간청하였다. **23** 예수께서 그 눈먼 사람의 손을 붙드시고, 마을 바깥으로 데리고 나가서서, 그 두 눈에 침을 뱉고, 그에게 손을 얹으시고서 물으셨다. "무엇이 보이느냐?" **24** 그 사람이 쳐다보고 말하였다. "사람들이 보입니다. 나무 같은 것들이 걸어 다니는 것 같습니다." **25** 그 때에 예수께서는 다시 그 사람의 두 눈에 손을 얹으셨다. 그 사람이 뚫어지듯이 바라보더니, 시력을 회복하여 모든 것을 똑똑히 보게 되었다. **26** 예수께서 그를 집으로 돌려보내시며 말씀하셨다. "마을로 들어가지 말아라." **27** 예수께서 제자들과 함께 빌립보의 가이사랴에 있는 여러 마을로 길을 나서셨는데, 도중에 제자들에게 물으셨다. "사람들이 나를 누구라고 하느냐?" **28** 제자들이 예수께 말하였다. "세례자 요한이라고 합니다. 엘리야라고 하는 사람들도 있고, 또 예언자 가운데 한 분이라고 하는 사람들도 있습니다." **29** 예수께서 그들에게 물으셨다. "그러면, 너희는 나를 누구라고 하느냐?" 베드로가 예수께 대답하였다. "선생님은 그리스도이십니다." **30** 예수께서 그들에게 엄중히 경고하시기를, 자기에 관하여 아무에게도 말하지 말라고 하셨다. **31** 그리고 예수께서는, 인자가 반드시 많은 고난을 받고, 장로들과 대제사장들과 율법학자들에게 배척을 받아, 죽임을 당하고 나서, 사흘 후에 살아나야 한다는 것을 그들에게 가르치기 시작하셨다. **32** 예수께서 드러내 놓고 이 말씀을 하시니, 베드로가 예수를 바싹 잡아당기고, 그에게 항의하였다. **33** 그러나 예수께서는 돌아서서, 제자들을 보시고, 베드로를 꾸짖어 말씀하셨다. "사탄아, 내 뒤로 물러가라. 너는 하나님의 일을 생각하지 않고, 사람의 일만 생각하는구나!" **34** 그리고 예수께서 제자들과 함께 무리를 불러 놓고 그들에게 말씀하셨다. "나를 따라오려고 하는 사람은, 자기를 부인하고, 자기 십자가를 지고, 나를 따라오너라. **35** 누구든지 제 목숨을 구하고자 하는 사람은 잃을 것이요, 누구든지 나와 복음을 위하여 제 목숨을 잃는 사람은 구할 것이다. **36** 사람이 온 세상을 얻고도 제 목숨을 잃으면, 무슨 이득이 있겠느냐? **37** 사람이 제 목숨을 되찾는 대가로 무엇을 내놓겠느냐? **38** 음란하고 죄가 많은 이 세대에서, 누구든지 나와 내 말을 부끄럽게 여기면, 인자도 자기 아버지의 영광에 싸여 거룩한 천사들을 거느리고 올 때에, 그를 부끄럽게 여길 것이다."

# 웨슬리와 함께 읽기

1 마태복음 15장 32절.

8 그리하여 그들은 먹었다 – 이 기적은 그리스도께서 하늘에서 내려온 참된 양식이라는 것을 설명하시려고 일으키신 기적이다. 그분께서는 전능하신 분이시기에 육신의 생명을 지탱하는 데 사용되는 수단이 굳이 없으셔도 빵을 만드실 수 있으셨다. 이러한 분이시기에 그분은 또한 영적인 생명을 지탱하는 수단이 굳이 없으셔도 빵을 만드실 능력이 부족하지 않으셨다. 이 하늘의 빵은 우리가 매 순간 필요로 하는 것이며 그래서 우리는 주님께 영원토록 이 빵을 달라고 기도해야만 하는 것이다.

11 그를 시험하여 – 즉, 그에게 올무를 놓으려고(마 16:1).

12 마태복음 16장 4절.

15 바리새인들과 헤롯, 즉 사두개인들의 누룩을 주의하라. 이 두 종파는 서로 앙숙이었다.

17,18 우리 주님께서는 여기에서 모든 사도에게 그들의 마음이 굳어졌다는 것을 확인하고 계신다(질문은 확인하는 것과 같은 것이므로). 그분께서는 그들이 눈은 있어도 보지 못하고, 귀가 있지만 듣지는 못한다는 것을 지적하신다. 또한 그들이 생각하지도 못하고 이해도 못 한다고 지적하신다. 이

와 똑같은 표현이 마태복음 13장에 나온다. 그러나 이들이 완전히 굳어 버린 사람들이라고 최종 판결을 받는 것이 아니라는 점은 분명하다. 따라서 여기에 나오는 모든 강한 어조의 표현은 이들이 지금 영적인 이해력이 부족하다는 것 이상을 의미하는 것이라고 말할 수는 없다.

18 마가복음 8장 17절 주석을 보라.

23 **마을 바깥으로 데리고 나가서서** – 벳새다 사람들은 완악하여서 믿지 않았는데, 우리 주님께서 그들에게 더는 기적을 행하려 하지 않으셨다는 사실은 이 사람들에게 있어서 기분이 상당히 거슬리는 것이었다. 심지어 이 사람들은 그분께서 고쳐주신 사람이 자기들의 마을 안으로 들어가거나, 마을 주민들에게 자기가 고침을 받았다고 말하는 것조차 달가워하지 않았다.

24 **사람들이 나무들처럼 걸어가는 것이 보입니다** – 이 사람은 사람들의 움직임만을 보고서 사람과 나무를 구분하였다.

27 마태복음 16장 13절; 누가복음 9장 18절.

30 그분께서는 그들에게 일단 침묵을 명하셨다. 그분께서 이렇게 하신 이유는 사람들을 부추겨서 그들이 자신을 이 세상의 왕으로 삼는 것을 하지 않도록 하기 위함이었다.[12] 또한 율법학자들이나 바리새인들을 자극해서 때가 이르기도 전에 자기를 잡아가지 않도록 하시기 위함이었다.[13] 그리고 자기가 부활하신 이후에 얻게 될 신적인 속성들에 대한 분명한 증거를 미리 내보이지 않으시려고 그렇게 하신 것이다.[14]

31 마태복음 16장 21절; 누가복음 9장 22절.

32 **예수께서 드러내 놓고 이 말씀을 하시니** – 혹은 분명한 표현으로써. 지금까지 그분께서는 그들에게 이 사실을 그저 은밀한 이야기로만 두셨다. **베드로가 그를 붙들고** – 아마도 그분의 팔이나 옷을 잡고.

33 **제자들을 보시고** – 그리하여서 자기가 지금 베드로에게 무슨 말을 하는지 그들이 모두 알아들을 수 있도록.

34 **그분께서 무리를 불러 놓고** – 마지막으로 중요한 진리를 그리고 그들 모두에게 똑같이 연관된 이 진리를 들을 수 있도록. **자기를 부인하고** – 자기 자신의 의지를. 그것이 큰 것이든 작은 것이든 상관없이, 그것이 제아무리 달콤한 것이라 할지라도 모든 것 안에서 자신의 의지를 부인하고. 그리고 끊임없이 부인하고. **자기 십자가를 지고** – 하나님의 뜻이 아무리 고통스럽더라도 그것을 매일, 매시간 계속해서 끌어안고. 그렇게 해야만 영광으로 이르는 거룩함 가운데 나를 따를 수 있다.

35 마태복음 16장 25절; 누가복음 9장 24절; 누가복음 17장 33절; 요한복음 12장 25절.

38 **누구든지 나와 내 말을 부끄럽게 여기면** – 즉, 내가 나의 말과 행동을 통해서 **전해준**(특히 자기 부인과 매일의 십자가에 대한 것) 모든 것을 시인하면(마 10:32; 눅 9:26; 눅 12:8).[15]

## 역자 해설

우리말에 "눈 뜬 소경"이라는 말이 있습니다. 눈이 있다고 다 보는 것이 아니라는 말이지요. 마가복음 8장에는 눈이 있어도 보지 못하는 사람들에 대해 말합니다. 예수님은 갈릴리에서 다시 사천 명이나 되는 무리를 빵 일곱 개와 물고기 몇 마리로 먹이십니다. 많이 익숙한 이야기입니다. 네, 앞에 나온 6장에 기록된 오병이어 기적과 비슷합니다. 그때 예수님은 제자들에게 무리를 너희가 먹이라고 하셨고, 제자들은 당치도 않다고 손사래쳤습니다(6:37). 그러자 예수님은 결국 기적을 일으키시고 제자들은 자기들 손으로 직접 무리에게 빵과 생선을 나눠줍니다. 그러나 그들은 그 기적을 체험하고도 풍랑 속에서 믿음을 잃었고 예수님에게 꾸지람을 들었습니다(6:52).

오늘 이야기도 매우 유사합니다. 예수님은 무리가 굶주린 것을 염려하십니다. 그러자 제자들은 "이 빈 들에서 누가 무슨 수로 이들을 다 먹일 수 있겠습니까?"라고 하면서 미리 찬물을 끼얹었습니다(4절). 우리 같았으면 "예수님, 무슨 걱정을 하십니까? 얼마 전에도 오병이어로 다 먹이셨는데, 이번에도 그렇게 하시면 되지요"라고 했겠지요. 그러나 제자들은 그렇지 못했습니다. 여전히 "아니되옵니다"를 외쳤던 것이지요. 결국 예수님께서 그 큰 무리를 배불리 먹이시는 것으로 이야기는 끝납니다.

그러나 제자들의 이야기는 여기에서 끝나지 않습니다. 6장에서처럼 배를 타고 갈릴리를 건널 때 예수님께서 "바리새인과 헤롯의 누룩을 조심해라"라고 말씀하시자 제자들은 엉뚱한 연상을 합니다. 지금 예수님은 먹는 빵 이야기를 하시는 게 아닌데 제자들의 생각은 딱 여기까지입니다. 결국 그들은 왜 제대로 깨닫지 못하는지, 왜 마음이 그리도 무딘지, 도대체 눈과 귀가 있기는 한 건지 심한 꾸중을 듣습니다.

그런데 22-26절에 벳새다에서 눈먼 사람의 눈을 뜨게 하시는 기적 이야기가 나옵니다. 사람들의 손에 이끌려 예수님 앞에 선 이 사람은 다시 예수님의 손에 이끌려(23절) 마을 밖으로 나갑니다. 그리고 예수님의 기적 행사로 눈을 뜨게 됩니다. 이 기적 이야기는 몇 가지 면에서 독특합니다. 예수님이 그 자리에서 고쳐주시지 않고 굳이 직접 이 사람의 손을 잡고 멀리 나가시는 것도 그렇고, 눈에 침을 뱉으시는 주술 행위 같은 것을 하시는 것도 흥미롭습니다. 하지만 가장 이상한 것은 한 번에 눈을 뜨지 못한다는 것이지요. 약간 실망입니다. 예수님이 실수하신 걸까요?

이 기적 이야기 앞에는 사천 명을 먹이신 이야기, 바리새인들이 예수님을 시험하는 이야기, 제자들이 갈릴리 배 안에서 꾸중을 듣는 이야기가 있습니다. 그리고 이 이야기 뒤에는 가이사랴 빌립보에서 베드로가 예수님이 누구신지 신앙고백을 한 이야기 그리고 베드로가 예수님께 맞서다가 예수님으로부터 사탄이라는 욕까지 듣게 되는 이야기가 있습니다. 벳새다 사건은 앞뒤에 놓인 이야기들과 연결해서 봐야 합니다.

예수님은 보기는 보아도 알아보지 못하는 것에 대해 일전에 말씀하셨습니다(4:12). 이 기적 앞뒤에 나오는 사람들이 바로 이런 사람들입니다. 이들은 예수님을 따라다니면서 자기 눈으로 똑똑히 다 보았는데도 믿음이 없고 깨닫지 못합니다. 도리어 더 보여달라고 요구합니다(11-13절). 베드로는 멋진 신앙고백을 합니다(29절). 그러나 그 신앙고백이 제대로 된 신앙고백이라고 보기는 어렵습니다. 왜냐하면 예수님께서 그리스도가 무엇을 하는 존재인지 말씀하시자(31절), 곧바로 거부하며 저항하기 때문입니다(32절). 결국 베드로는 '사탄'이라는 소리를 듣지요. 이 제자들은 갈수록 태산입니다.

벳새다에서 눈을 뜨게 해주시는 기적은 상징적인 행동입니다. 예수님이 실력이 모자라서 단번에 못 고치신 것이 아니라, 단계적으로 눈이 밝아져서 점차 보게 되는 것을 말해주는 것입니다. 그리고 이 사건 앞뒤에는 갈수록 보지 못하게 되는 사람들에 대해 말해주는 것입니다. 마가복음에서 열두 제자가 특히 그러합니다. 이들은 처음에는 모든 것을 버리고 예수님을 따랐고(1:16-20), 예수님도 그들 편에 서 주셨지만, 그들은 마치 돌밭이나 가시밭처럼 시간이 지나면서 결국 시들어 죽어버리는 사람들이 됩니다.

우리는 하늘의 승리한 성도(ecclesia triumphans)가 아니라 이 땅에서 믿음의 선한 싸움을 하고 있는 사람입니다(ecclesia militans). 육신을 입고 있기에 모든 것을 다 알지 못하고, 따라서 실수도 많고, 성품이나 인격 등 여러 면에서 완전하지 못합니다(『표준설교』 35.1.1-9). 그래서 많은 유혹 앞에서 넘어지기도 하고 늘 시험에 노출되어 있습니다. 죄에 대해 죽고 그리스도에 대해 살겠다고 다짐하고 세례를 받았지만, 다시 넘어집니다. 그래서 교회는 전통적으로 '세례 재다짐'이라는 세례를 기억하는 예식을 해왔습니다(baptismal reaffirmation). 세례와 성찬을 통해 하나님께서 나를 위해 무엇을 하셨고, 내가 어떤 사람인지 다시금 기억하는 예식입니다. 이처럼 우리가 거듭난 하나님의 자녀라는 사실을 끊임없이 되새기면서 날마다 믿음의 싸움을 싸우지 않는다면 우리는 믿음의 길에서 떨어져 나가게 될 것입니다(『표준설교』 15.2.9). 벳새다 소경처럼 갈수록 더 눈이 밝아져서 진보해야 합니다.

# 마가복음 9장

¹ 또 예수께서 그들에게 말씀하셨다. "내가 진정으로 너희에게 말한다. 여기에 서 있는 사람들 가운데는, 죽기 전에 하나님의 나라가 권능을 떨치며 와 있는 것을 볼 사람들도 있다." ² 그리고 엿새 뒤에 예수께서 베드로와 야고보와 요한 만을 데리고, 따로 높은 산으로 가셨다. 그런데, 그들이 보는 앞에서, 그의 모습 이 변하였다. ³ 그 옷은 세상의 어떤 빨래꾼이라도 그렇게 희게 할 수 없을 만 큼 새하얗게 빛났다. ⁴ 그리고 엘리야가 모세와 함께 그들에게 나타나더니, 예 수와 말을 주고받았다. ⁵ 그래서 베드로가 예수께 말하였다. "랍비님, 우리가 여 기에 있는 것이 좋겠습니다. 우리가 초막 셋을 지어서, 하나에는 랍비님을, 하 나에는 모세를, 하나에는 엘리야를 모시겠습니다." ⁶ 베드로는 무슨 말을 해야 좋을지 몰라서 이런 말을 했던 것이다. 제자들이 겁에 질렸기 때문이다. ⁷ 그런 데 구름이 일어나서, 그들을 뒤덮었다. 그리고 구름 속에서 소리가 났다. "이는 내 사랑하는 아들이다. 너희는 그의 말을 들어라." ⁸ 그들이 문득 둘러보았으나, 아무도 없고, 예수만 그들과 함께 계셨다. ⁹ 그들이 산에서 내려올 때에, 예수께 서는 그들에게 명하시어, 인자가 죽은 사람들 가운데서 살아날 때까지는, 본 것 을 아무에게도 이야기하지 말라고 하셨다. ¹⁰ 그들은 이 말씀을 간직하고, 죽은 사람들 가운데서 살아난다는 것이 무슨 뜻인가를 서로 물었다. ¹¹ 그들이 예수

께 묻기를 "어찌하여 율법학자들은 엘리야가 먼저 와야 한다고 합니까?" 하니, <sup>12</sup> 예수께서 그들에게 말씀하셨다. "확실히 엘리야가 먼저 와서, 모든 것을 회복한다. 그런데, 인자가 많은 고난을 받고 멸시를 당할 것이라고 기록한 것은, 어찌 된 일이냐? <sup>13</sup> 내가 너희에게 말한다. 엘리야는 이미 왔다. 그런데, 그를 두고 기록한 대로, 사람들은 그를 함부로 대하였다." <sup>14</sup> 그들이 다른 제자들에게 와서 보니, 큰 무리가 그 제자들을 둘러싸고 있고, 율법학자들이 그들과 논쟁을 하고 있었다. <sup>15</sup> 온 무리가 곧 예수를 보고서는 몹시 놀라, 달려와서 인사하였다. <sup>16</sup> 예수께서 그들에게 물으셨다. "너희는 그들과 무슨 논쟁을 하고 있느냐?" <sup>17</sup> 무리 가운데 한 사람이 예수께 대답하였다. "선생님, 내 아들을 선생님께 데려왔습니다. 그 아이는 말을 못하게 하는 귀신이 들려 있습니다. <sup>18</sup> 어디서나 귀신이 아이를 사로잡으면, 아이를 거꾸러뜨립니다. 그러면 아이는 거품을 흘리며, 이를 갈며, 몸이 뻣뻣해집니다. 그래서 선생님의 제자들에게 그 귀신을 쫓아내 달라고 했으나, 그들은 쫓아내지 못했습니다." <sup>19</sup> 예수께서 그들에게 말씀하셨다. "아, 믿음이 없는 세대여, 내가 언제까지 너희와 함께 있어야 하겠느냐? 내가 언제까지 너희에게 참아야 하겠느냐? 아이를 내게 데려오너라." <sup>20</sup> 그래서 그들이 아이를 예수께 데려왔다. 귀신이 예수를 보자, 아이에게 즉시 심한 경련을 일으켰다. 아이는 땅에 넘어져서, 거품을 흘리면서 뒹굴었다. <sup>21</sup> 예수께서 그 아버지에게 물으셨다. "아이가 이렇게 된 지 얼마나 되었느냐?" 그가 대답하였다. "어릴 때부터입니다. <sup>22</sup> 귀신이 그 아이를 죽이려고, 여러 번, 불 속에도 던지고, 물 속에도 던졌습니다. 하실 수 있으면, 우리를 불쌍히 여기시고, 도와주십시오." <sup>23</sup> 예수께서 그에게 말씀하셨다. "'할 수 있으면'이 무슨 말이냐? 믿는 사람에게는 모든 일이 가능하다." <sup>24</sup> 그 아이 아버지는 큰소리로 외쳐 말했다. "내가 믿습니다. 믿음 없는 나를 도와주십시오." <sup>25</sup> 예수께서 무리가 어울려 달려오는 것을 보시고, 악한 귀신을 꾸짖어 말씀하셨다. "벙어리와 귀머거리가 되게 하는 귀신아, 내가 너에게 명한다. 그 아이에게서 나가라. 그리고 다시는 그에게 들어가지 말아라." <sup>26</sup> 그러자 귀신은 소리를 지르고서, 아이에게 심한 경련을 일으켜 놓고 나갔다. 아이는 죽은 것과 같이 되었다. 그래서 사람들은 모두 말하기를 "아이가 죽었다" 하였다. <sup>27</sup> 그런데 예수께서 아이의 손을 잡아서 일으키시니, 아이가 일어섰다. <sup>28</sup> 예수께서 집 안으로 들어가시니, 제자들이 따로 그에게 물어 보았다. "왜 우리는 귀신을 쫓아내지 못했습니까?" <sup>29</sup> 예수께서 그들에게 대답하셨다. "이런 부류는 기도로 쫓아내지 않고는, 어떤 수로도 쫓아낼 수 없다." <sup>30</sup> 그들은 거기에서 나와서, 갈릴리를 가로질러 가고 있었다. 예수께서는 이것을 남들이 알기를 바라지 않으셨다. <sup>31</sup> 그것은 예수께서 제자들을 가르치시며, 인자가 사람들의 손에 넘어가고, 사람들이 그를 죽이고, 그가 죽임을 당하고 나서, 사흘 후에 살아날 것이라고 그들에게 말씀하고 계셨기 때문이다. <sup>32</sup> 그러나 제자들은 그 말씀을 깨닫지 못하였고, 예수께 묻기조차 두려워하였다. <sup>33</sup> 그들은 가버나움으로 갔다. 예수께서 집 안에 계실 때에, 제자들에게 물으셨다. "너희가 길에서 무슨 일로 다투었느냐?" <sup>34</sup> 제자들은 잠잠하였다. 그들은 길에서, 누가 가장 큰 사람이냐 하는 것으로 서로 다투었던 것이다. <sup>35</sup> 예수께서 앉으신 다음에, 열두 제자를 불러 놓고, 그들에게 말씀하셨다. "누구든지 첫째가 되고자 하면, 그는 모든 사람의 꼴찌가 되어서 모든 사람을 섬겨야 한다." <sup>36</sup> 그리고 어린이 하나를 데려다가 그들 가운데 세우신 다음에, 그를 껴안아 주시고 그들에게 말씀하셨다. <sup>37</sup> "누구든지 내 이름으로 이런 어린이들 가운데 하나를 영접하면, 그는 나를 영접하는 것이요, 누구든지 나를 영접하는 사람은, 나를 영접하는 것보다, 나를 보내신 분을 영접하는 것이다." <sup>38</sup> 요한이 예수께 말하였다. "선생님, 어떤 사람이 선생님의 이름으로 귀신들을 쫓아내는 것을 우리가 보았습니다. 그런데 그 사람은 우리를 따르는 사람이 아니므로, 우리는 그가 그런 일을 하지 못하게 막았습니다." <sup>39</sup> 그러나 예수께서는 이렇게 말씀하셨다. "막지 말아라. 내 이름으로 기적을 행하고 나서 쉬이 나를 욕할 사람은 아무도 없기 때문이다. <sup>40</sup> 우리를 반대하지 않는 사람은 우리를 지지하는 사람이다. <sup>41</sup> 내가 진정으로 너희에게 말한다. 너희가 그리스도의 사람이라고 해서 너희에게 물 한 잔이라도 주는 사람은, 절대로 자기가 받을 상을 잃지 않을 것이다." <sup>42</sup> "또 나를 믿는 이 작은 사람들 가운데서 하나라도 죄짓게 하는 사람은, 차라리 그 목에 큰 맷돌을 달고 바다에 빠지는 편이 낫다. <sup>43</sup> 네 손이 너를 죄짓게 하거든, 그것을 찍어 버려라. 네가 두 손을 가지고 지옥에, 곧 그 꺼지지 않는 불 속에 들어가는 것보다, 차라리 한 손을 잃은 채로 생명에 들어가는 것이 낫다. (44절 없음) <sup>45</sup> 네 발이 너를 죄짓게 하거든, 그것을 찍어 버려라. 네가 두 발을 가지고 지옥에 들어가는 것보다, 차라리 한 발은 잃었으나 생명에 들어가는 것이 낫다. (46절 없음) <sup>47</sup> 또 네 눈이 너를 죄짓게 하거든, 그것을 빼어 버려라. 네가 두 눈을 가지고 지옥에 들어가는 것보다, 차라리 한 눈으로 하나님의 나라에 들어가는 것이 낫다. <sup>48</sup> 지옥에서는 '그들을 파먹는 구더기들도 죽지 않고, 불도 꺼지지 않는다.' <sup>49</sup> 모든 사람이 다 소금에 절이듯 불에 절여질 것이다. <sup>50</sup> 소금은 좋은 것이다. 그러나 소금이 짠 맛을 잃으면, 너희는 무엇으로 그것을 짜게 하겠느냐? 너희는 너희 가운데 소금을 쳐 두어서, 서로 화목하게 지내어라."

# 웨슬리와 함께 읽기

**1 하나님의 나라가 권능을 떨치며 와 있는 것을 볼** – 이러한 일은 3천 명이 한꺼번에 하나님께로 돌아왔던 오순절에 시작되었다.

**2 그들이** – 즉, 군중과 떨어져 있을 때. **따로** – 다른 사도들과 떨어져서. **변하였다** – 헬라어를 볼 때 이 말은 하나님의 형태(form), 종의 형태(성 바울이 빌 2:6-7에서 언급했던)를 가리키는 것 같다. 그리고 이 단어는 하나님의 빛, 즉 내재하시는 하나님이 이 경우에는 밖으로 발산되어서 이러한 형태 가운데 하나에서 다른 형태로 영광스럽게 변화하게 한 것을 의미하는 것 같다(마 17:1; 눅 9:28).

**3 어떤 빨래꾼이라도 희게 할 수 없을 만큼 새하얗게** – 자연적으로나 인공적으로 어떻게 하든 그렇게 만들 수 없는.

**4 엘리야** – 그들이 기대했던 사람. 모세는 그들이 기대했던 사람이 아니었다.

**7 구름이 일어나서 그들을 뒤덮었다** – 이 현상은 이스라엘이 광야에 있을 적에 따라붙었던 영광의 구름과 같은 것으로 보인다. 유대 성서 저자들이 전하는 것처럼, 이 구름은 모세가 죽을 때에 떠나갔다. 그러나 이 구름은 교회의 위대한 선지자이신 우리 주님(모세는 주님의 모습을 미리 보여

주었다)을 기리기 위해 다시 나타났다. 너희는 그의 말을 들어라 – 모세나 엘리야까지도 그분의 말씀을 들어야 한다.

12 확실히 엘리야가 먼저 와서, 모든 것을 회복한다. 그런데, 인자가 많은 고난을 받고 멸시를 당할 것이라고 기록한 것은, 어찌 된 일이냐 – 즉, 그리고 그분께서 그들에게 말씀하시기를 어떻게 그것이 기록되었느냐 – 그분께서 마치 "엘리야가 온 것은 내가 고난을 겪는 것과 같은 맥락에 놓여있다"라고 말씀하시는 것 같다. 그가 와서 – 그러나 나는 고난을 겪을 것이다. 이 절의 첫 부분은 그들이 엘리야에 관해 물었던 질문에 대한 답을 준다.[16] 두 번째 부분은 메시아가 영원히 그대로 변함없이 있을 것이라는 오해를 반박한다.[17]

14 마태복음 17장 14절; 누가복음 9장 37절.

15 온 무리가 그를 보고 몹시 놀랐다 – 그분께서 너무나 갑자기, 적절한 시기에, 너무나 기대치 않게 오셔서. 아마도 비범한 위엄과 영광의 광채가 아직도 그분의 얼굴에 남아 있어서 놀랐을 것이다.

17 무리 가운데 한 사람이 예수께 대답하여 – 그 율법학자는 우리 주님의 질문에 답을 하지 못했다. 그들은 자기들이 그분의 제자들에게 말했던 것을 기꺼이 반복하여 말한다.[18] 말 못하게 하는 귀신 – 이 귀신이 그에게서 말을 빼앗았다.

20 그가 그분을 보자 – 아이가 그리스도를 보자. 이제 그가 구원을 받을 때가 곧 가까이 오자. 즉시 그 영이 그 아이를 찢어놓았다 – 더러운 영이 그 아이를 망가뜨리기 위해서 최후의 엄청난 발악을 한다. 사탄이 자기가 오랫동안 지배하고 있던 사람에게서 쫓겨나갈 때 일반적으로 이렇지는 않다.

22 하실 수 있으면 – 아주 절박한 상황에서. 우리를 불쌍히 여기시고 –

나 자신뿐만 아니라 아이까지도.

23 **네가 믿는다면** – 그분께서 일전에 "어떤 일은 내 능력이 아닌 너의 믿음으로 일어난다"라고 말씀하셨듯이. 나는 모든 것을 할 수 있다. 다만 네가 믿기만 한다면.

24 **내 믿음 없음을 도와주소서** – 비록 내 믿음이 너무나 작아서 차라리 믿음이 없다고 할 수 있지만, 그래도 나를 도와주소서.

25 **귀먹고 말 못하게 하는 영** – 이 영이 그 아이를 이렇게 만들어 놓았기 때문에 이렇게 불린다. 예수께서 말씀하실 때 비록 그 아이는 듣지 못하지만, 귀신은 듣는다. **내가 네게 명한다** – 내 제자들이 아니라 이제 내가 직접.

26 **아이에게 심한 경련을 일으켜 놓고** – 그래서 하나님께서 한 영혼을 사탄에게서 구해내실 때도 가끔 육체에 고통이 따르기도 한다.

30 **그들은 갈릴리를 가로질러 가고 있었다** – 도시를 가로질러 가지 않고 도시 옆으로, 가장 은밀한 길로 갔다. 그분께서는 어느 사람에게도 이 사실을 알리려 하지 않으셨다. 왜냐하면 그분께서는 자기 제자들에게 가르치셨기 때문이다 – 예수께서는 종종 오직 제자들과만 따로 계시려 했다. 그들에게 자신의 고난에 대해서 충분히 가르침을 주시려 했기 때문이다. **인자가 넘겨진다** – 이것은 마치 이미 일어난 일처럼 아주 확실히 이루어질 일이다(마 17:22; 눅 9:44).

32 **그들은 말씀을 깨닫지 못하였고** – 그들은 우리 구세주의 죽음과(그분의 죽음 이후에 있을 부활도) 이 땅에서 그분의 왕국에 대한 자신들의 생각을 어떻게 서로 조화시켜야 할는지 이해할 수 없었다.

33 누가복음 9장 46절.

34 **누가 가장 큰 사람이냐** – 그분의 나라에서 누가 가장 높은 수장이 될

것인지.

35 **가장 꼴찌가 되어라** – 자신을 가장 낮추어라.

36 마태복음 18장 2절; 누가복음 9장 47절.

37 **이런 어린이들 하나** – 실제 나이가 어리든지 혹은 심령이 어리든지.

38 **요한이 대답하였다** – "선생님, 어떤 사람이 당신의 이름으로 귀신을 쫓아내는 것을 우리가 보았는데, 우리를 따르는 사람이 아닌 그들을 우리가 받아들여야 합니까?"라고 말하는 것처럼. 아마도 귀신을 쫓아내는 이 사람은 비록 우리 주님의 제자단에 합류하지는 않았지만, 예수를 믿었던 세례 요한의 제자들 가운데 하나였을 것이다. **우리를 따르는 사람이 아니므로 우리는 그를 막았습니다** – 오늘날 우리도 얼마나 자주 이와 똑같은 마음을 품는가! 우리도 얼마나 시기하는 마음을 품는가! 그런데 어떻게 이런 사람들이 주님의 사도가 되는가? 그렇다면 너그러우신 주님의 사역자가 되는 것은 얼마나 더 그러하겠는가! 성 바울도 자신과 개인적으로 원수였던 사람들을 통해 그리스도가 전파될 때에 기뻐했는데,[19] 그렇다면 그는 더 나은 성품을 배운 것이었다. 그러나 우리를 따르는 사람들로만 기독교를 한정한다면, 그것은 심령의 편협함에 지나지 않으며, 우리는 이렇게 되지 않도록 애써야 하며 그런 마음을 버려야 한다(눅 9:49).[20]

39 **예수께서 말씀하셨다** – 그리스도께서는 여기에서 우리에게 공정하고 균형 잡힌 것이 무엇인지 보여주는 멋진 사례를 제시하신다. 그분께서는 의혹이 생기는 경우 어떻게 대처해야 할 것인지에 대한 가장 좋은 본을 말씀해주신다. 즉, 원수가 아닌 사람들을 친구로 대하신다. 어쩌면 의혹이 생길 때 이런 행동은 편견의 흔적을 정복하는 수단일 것이다. 그리고 이러한 태도를 통해서 이 사람들의 믿음과 순종에 있어서

부족한 것들을 온전하게 만들어주는 수단일 것이다. **막지 말아라** – 죄인들이 사탄의 권세에서 벗어나서 하나님께로 돌아오도록 해주는 사람이 있다면[21] 단지 그 사람이 우리와 의견이 다르다는 이유로, 그 사람이 예배드리는 방식이 나와 다르다는 이유로 혹은 기독교의 본질에 아무런 영향을 끼치지도 않는 다른 그 어떤 것을 이유로 삼아서 직접 혹은 간접적으로 그의 사기를 떨어뜨리거나 방해하지 말라.[22]

40 우리 주님께서는 앞에서 "나와 함께하지 않는 사람은 나를 반대하는 사람이다"라고 말씀하셨다. 그때는 청중들에게 예수와 사탄 사이의 전쟁에서 중립적 입장이라는 것은 있을 수 없다는 것을 가르치신 것이며, 지금 예수께 편을 들지 않는 자는 적으로 간주할 것이라는 점을 말씀하셨던 것이다. 그러나 여기에서는 다른 관점을 갖고 아주 다른 격언을 말씀하신다. 그분께서는 자기를 따르는 사람들에게 있는 그대로 사람들의 성향을 판단하라고 가르치신다. 그리고 자신을 반대하지 않는 사람들이 자기들이 하는 일을 잘 해낼 수 있도록 빌어주라고, 그런 너그러운 마음을 품으라고 가르치신다. 모든 일에 있어서 우리는 우리 자신을 판단할 때에 엄격해야 하며, 다른 사람들을 판단할 때는 편협한 선입관이 없이, 있는 그대로의 모습을 보고 그들을 판단해야 한다.

41 **누구든지 너희에게 물 한 잔이라도 주는 사람은** – 우리 주님께서는 9장 37절에서 끊어진 이야기를 여기에서 다시 이어서 하시면서 성 요한에게 답변을 주고 계시다(마 10:42).

42 **이와 반대로 가장 보잘것없는 그리스도인 하나를 실족시키는 사람은**(마 18:6; 눅 17:1).

43 **만일 누가 너로 실족하게 하면** – (이 대화는 남을 실족시키는 것에서 다른 사람으로 인해 실족을 당하는 것으로 넘어가고 있다) **만일 너희에게 있어서 손이나 눈처럼 유**

용하고 소중한 사람이 너희가 하나님의 길을 걷는 데 방해가 된다든지 발걸음을 더디게 만든다면, 그와의 모든 관계를 정리하라.[23] 이 말씀은 우선 사람과의 관계에 대하여 하신 말씀이고, 둘째로는 사물에 대한 말씀이다(마 5:29; 마 18:8).[24]

**44 거기에는 벌레도** – 영혼을 갉아먹는(교만, 자기 의지, 욕망, 악의, 시기, 수치, 슬픔, 절망) 그리고 **죽지도 않는** – 영혼이 죽지 않듯이. 몸을 괴롭히는 불(물리적인 실제 불일 수도 있고 혹은 그것보다 한없이 더 나쁜 것일 수도 있다!)은 **영원히 꺼지지도 않는다**(사 66:24).

**49 모든 사람이** – 나를 실족하게 만드는 것들을 끊어버리지 않는 사람은 결국 지옥에 던져져서 말 그대로 불에 절여질 것이다. 이 불은 꺼지지도 않고 소멸하지도 않는다. 반면에 모든 받으실 만한 제사는 다른 종류의 소금으로 절여질 것이다. 즉, 영혼을 정결케 하시는 하나님의 은혜로 절여져서 (비록 종종 고통이 따르지만) 부패하지 않도록 잘 보존될 것이다. **50 소금은 정말로 좋은 것이다.** 소금은 세상에 많은 유익을 끼친다. 그런 의미에서 나는 너희들이 세상의 소금이라고 말한 적이 있다. 그러나 소금이 짠맛을 잃으면, 너희는 무엇으로 그것을 짜게 하겠느냐 – 이 점을 주의하라. 여러분이 자신의 맛을 잘 간직하고 있는지 주의하라. 여러분이 짠맛을 간직하고 있다는 것은 서로 화목하게 지내는지 보면 알 수 있다. 이 모호한 구절은 다음과 같이 풀어서 말할 수 있다. – 모든 번제물은 제단 불에 놓기 위해서 먼저 소금에 절여졌다. 이처럼 자신의 손이나 눈을 떼어버리지 않은 사람은[25] 하나님의 정의로운 희생 제사에 합당치 않게 되어서 지옥의 불에 던져질 것이다. 이 지옥 불은 꺼지지도 않고 끊임없이 계속될 것이다. 반면에 자기를 부인하고 자기 십자가를 진 채로 자기 자신을 하나님께 드려질 살아있는 희생제물로 바치

는 사람은 은혜로 절여지게 될 것이다. 그래서 그는 소금처럼 맛을 내게 될 것이며, 그 은혜로 말미암아 영원히 멸망하지 않게 될 것이다. 소금은 고기가 상하지 않도록 잘 보존하고 맛을 내는 데 유용하게 사용된다. 이와 마찬가지로 여러분이 은혜로 절여지는 것은 여러분의 마음과 생활을 정결하게 하는 데 큰 도움이 된다. 또한 그렇게 되면 주님의 지식의 맛을 여러분 자신의 영혼에게 그리고 여러분이 어디를 가든지 그곳에 널리 전하는 데도 큰 도움이 된다. 그러나 만일 소금이 맛을 잃으면 아무짝에도 쓸모없게 된다. 마찬가지로 만일 여러분이 자신의 믿음과 사랑을 잃어버리게 된다면, 아무짝에도 쓸모없게 되어서 완전히 파멸에 이르게 된다. 그러므로 여러분 안에 은혜가 항상 머물고 있는지 잘 살펴보라. 또한 누가 더 잘난 사람인지 더는 다투지 말라(마 5:13; 눅 14:34).

## 역자 해설

이스라엘의 북쪽 끝에 있는 가이사랴 빌립보에서 예수님이 누구신지 그 정체를 밝힌 후에 이제 마가는 예수님의 발걸음을 예루살렘을 향한 길에 올려둡니다. 예수님께서 예루살렘으로 가시는 이유는 십자가에서 죽기 위함입니다. 이것이 하나님의 뜻이기에(8:33) 제자들의 저항에도 불구하고 예수님은 꿋꿋하게 그 길을 걷습니다. 이제 새로 시작되는 사역 후반부의 첫머리는 전반부와 같이 예수님이 누구신지 하늘의 음성을 통해 확인하는 것으로 시작합니다.

예수님께서 사역을 시작하실 때 하늘에서 예수님이 하나님의 아들이심을 선포했는데(1:11), 이제 여기에서도 똑같이 하늘에서 예수님이 하나님의 아들이심을 선포함으로써(9:7) 그 새로운 국면을 시작합니다. 이 하나님 아들의 운명은 그리 밝지 않습니다. 그 끝에는 고통과 죽음이 기다립니다(9:9-13). 그러나 예수님 곁에서 화려하고 멋진 꿈만 꾸던 제자들에게 이런 암울한 말이 귀에 들어올 리 없습니다. 그들은 지금 이 자리에서 누리고 편안하게 잘 먹고 잘사는 것에만 관심이 있습니다. 그러니 이런 이들을 통해 하나님의 역사가 일어날 리 없습니다. 아무것도 모르는 동네 사람들은 그래도 예수님의 제자들이니 뭔가 큰일을 할 수 있겠거니 내심 기대하며 이들에게 도움을 청했습니다. 아마도 제자들 자신도 자신감이 있었는지 뭔가 해보려고 애를 썼던 것 같습니다. 그러나 그들은 귀신을 내쫓지 못했습니다. 이에 예수님께서 모든 일을 해결하신 후에 왜 자기들은 못 했는지 그 이유를 묻는 제자들에게 이렇게 답변하십니다. "기도(와 금식) 외에는 어떤 수로도 내쫓을 수 없다"(9:29).

제자들은 예수님을 따라다니면서 귀신도 쫓고 엄청난 기적도 일으키시는 예수님의 모습을 보았습니다. 그리고 예수님으로부터 권능을 받아서 자기들도 한때 직접 귀신도 내쫓고 병도 고쳐주기도 했습니다(6:13). 그런데 어찌 된 일인지 이제는 그렇게 하지 못하고 망신만 당합니다. 얼마 전까지만 해도 다 했던 일인데, 왜 이제 와서 이들은 그런 능력을 발휘하지 못할까요? 예수님의 제자들은 예수님과 함께 지내면서 착각을 하기 시작했습니다. 병도 고치고 귀신도 물리치는 놀라운 광경을 겪으면서 서서히 교만에 빠지기 시작했습니다. 자기들의 믿음은 사라져가는데(6:52; 8:4, 14-21), 자신의 처지는 똑바로 보지 못한 채 어리석은 욕심에 빠져서 높은 자리를 차지하려 하고, 희생과 헌신의 자리는 거부하기 시작했습니다.

예수님은 참된 승리가 어디에서 나오는지 가르치시면서 고난과 죽음과 부활의 길을 가시지만, 제자들은 그것을 이해하지 못합니다(9:30-32). 도리어 이들은 자기가 제일 위대하다고 하면서 서로 다투고 있습니다(9:33-34). 이들의 오만함은 마치 완장을 찬 사람처럼 다른 사람들을 함부로 가로막고 그들 위에서 군림하는 행동으로 드러납니다(9:38-39). 그러면서도 부끄러워하기는커녕 자기들이 칭찬받을 만한 행동이라고 생각했는지 당당하게 예수님께 보고합니다(9:38).

한때 모든 것을 포기하고 예수님을 따라나섰고(1:16-20), 그래서 예수님과 동행하고 큰 권능을 받고 말씀도 전파하는 등(3:13-15) 선택받은 자로서 능력 있는 일꾼의 모습을 보이기도 했던 제자들입니다. 그런데 이제 그들의 멋진 모습은 온데간데없고, 귀신 들린 아이 하나 손을 못 써서 이처럼 사람들 앞에서 망신을 당하는 꼴이 되었습니다. 어쩌다가 제자들은 이 지경이 되었을까요? 9장은 그들이 이렇게 된 원인을 잘 보여줍니다. 이들은 예수님이 누구시며, 왜 이 땅에 오셨는지 그리고 자기들은 무엇을 위해 선택받고 부름을 받았는지, 자기들은 누구인지 이 모든 것들을 망각했기 때문입니다.

예수님이 누구신지 망각했기에 그분의 크신 뜻을 헤아리지 못하고 그분의 앞길을 가로막았으며, 자신들이 무엇을 위해 부르심을 받았는지 망각했기에 이들은 그저 화려하고 높은 자리에서 군림할 생각만 하는 자들이 되었습니다. 이런 사람들에게 어떻게 하나님의 능력이 함께 할 수 있을까요? 이들에게 필요한 것은 기도와 금식입니다(9:29). 기도는 자신의 부족함과 무능력함을 하나님 앞에 내보이면서 그분의 도우심을 바라며 그분의 능력을 신뢰하는 행동입니다. 금식은 자신의 혈기를 죽이고 겸손히 하나님 앞에서 낮아지기 위한 자기 비움의 방법입니다. 이들에게 지금 필요한 것은 교만을 내려놓고 어리석음에서 벗어나 겸손히 하나님 앞에 무릎 꿇고 낮아지는 것입니다. 바울의 고백처럼 이것이 우리의 강함과 능력이 됩니다(고후 12:9-10).

# 마가복음 10장

¹ 예수께서 거기에서 떠나 유대 지방으로 가셨다가, 요단 강 건너편으로 가셨다. 무리가 다시 예수께로 모여드니, 그는 늘 하시는 대로, 다시 그들을 가르치셨다. ² 바리새파 사람들이 다가와서, 예수를 시험하여 물었다. "남편이 아내를 버려도 됩니까?" ³ 예수께서 그들에게 대답하셨다. "모세가 너희에게 어떻게 하라고 명령하였느냐?" ⁴ 그들이 말하였다. "이혼증서를 써 주고 아내를 버리는 것을 모세는 허락하였습니다." ⁵ 그러나 예수께서는 그들에게 말씀하셨다. "모세는 너희의 완악한 마음 때문에, 이 계명을 써서 너희에게 준 것이다. ⁶ 그러나 하나님께서는 창조 때로부터 '사람을 남자와 여자로 만드셨다.' ⁷ '그러므로 남자는 부모를 떠나서, [자기 아내와 합하여] ⁸ 둘이 한 몸이 된다.' 따라서, 그들은 이제 둘이 아니라, 한 몸이다. ⁹ 그러므로 하나님이 짝지어 주신 것을, 사람이 갈라놓아서는 안 된다." ¹⁰ 집에 들어갔을 때에, 제자들이 이 말씀을 두고 물었다. ¹¹ 예수께서 그들에게 말씀하셨다. "누구든지 아내를 버리고 다른 여자에게 장가드는 남자는, 아내에게 간음을 범하는 것이요, ¹² 또 아내가 남편을 버리고 다른 남자와 결혼하면, 그 여자는 간음하는 것이다." ¹³ 사람들이, 어린이들을 예수께 데리고 와서, 쓰다듬어 주시기를 바랐다. 그런데 제자들이 그들을 꾸짖었다. ¹⁴ 그러나 예수께서는 이것을 보시고 노하셔서, 제자들에게 말씀하셨

다. "어린이들이 내게 오는 것을 허락하고, 막지 말아라. 하나님 나라는 이런 사람들의 것이다. ¹⁵ 내가 진정으로 너희에게 말한다. 누구든지 어린이와 같이 하나님 나라를 받아들이지 않는 사람은 거기에 들어가지 못할 것이다." ¹⁶ 그리고 예수께서는 어린이들을 껴안으시고, 그들에게 손을 얹어서 축복하여 주셨다. ¹⁷ 예수께서 길을 떠나시는데, 한 사람이 달려와서, 그 앞에 무릎을 꿇고 그에게 물었다. "선하신 선생님, 내가 영원한 생명을 얻으려면, 무엇을 해야 합니까?" ¹⁸ 예수께서 그에게 말씀하셨다. "어찌하여 너는 나를 선하다고 하느냐? 하나님 한 분 밖에는 선한 분이 없다. ¹⁹ 너는 계명을 알고 있을 것이다. '살인하지 말아라, 간음하지 말아라, 도둑질하지 말아라, 거짓으로 증언하지 말아라, 속여서 빼앗지 말아라, 네 부모를 공경하여라' 하지 않았느냐?" ²⁰ 그가 예수께 말하였다. "선생님, 나는 이 모든 것을 어려서부터 다 지켰습니다." ²¹ 예수께서 그를 눈여겨보시고, 사랑스럽게 여기셨다. 그리고 그에게 말씀하셨다. "너에게는 한 가지 부족한 것이 있다. 가서, 네가 가진 것을 다 팔아서, 가난한 사람들에게 주어라. 그리하면, 네가 하늘에서 보화를 차지하게 될 것이다. 그리고, 와서, 나를 따라라." ²² 그러나 그는 이 말씀 때문에, 울상을 짓고, 근심하면서 떠나갔다. 그에게는 재산이 많았기 때문이다. ²³ 예수께서 둘러보시고, 제자들에게 말씀하셨다. "재산을 가진 사람은, 하나님의 나라에 들어가기가 참으로 어렵다." ²⁴ 제자들은 그의 말씀에 놀랐다. 예수께서 다시 그들에게 말씀하셨다. "이 사람들아, 하나님의 나라에 들어가기는 참으로 어렵다. ²⁵ 부자가 하나님의 나라에 들어가는 것보다 낙타가 바늘귀로 지나가는 것이 더 쉽다." ²⁶ 제자들은 더욱 놀라서 "그렇다면, 누가 구원을 받을 수 있겠는가?" 하고 서로 말하였다. ²⁷ 예수께서 그들을 눈여겨보시고, 말씀하셨다. "사람에게는 불가능하나, 하나님께는 그렇지 않다. 하나님께는 모든 일이 가능하다." ²⁸ 베드로가 예수께 말씀드렸다. "보십시오, 우리는 모든 것을 버리고 선생님을 따라왔습니다." ²⁹ 예수께서 말씀하셨다. "내가 진정으로 너희에게 말한다. 나를 위하여, 또 복음을 위하여, 집이나 형제나 자매나 어머니나 아버지나 자녀나 논밭을 버린 사람은, ³⁰ 지금 이 세상에서는 박해도 받겠지만 집과 형제와 자매와 어머니와 자녀와 논밭을 백 배나 받을 것이고, 오는 세상에서는 영원한 생명을 받을 것이다. ³¹ 그러나 첫째가 꼴찌가 되고 꼴찌가 첫째가 되는 사람이 많을 것이다." ³² 그들은 예루살렘으로 올라가고 있었다. 예수께서 앞장 서서 가시는데, 제자들은 놀랐으며, 뒤따라가는 사람들은 두려워하였다. 예수께서 다시 열두 제자를 곁에 불러 놓으시고, 앞으로 자기에게 닥칠 일들을 그들에게 일러주시기 시작하셨다. ³³ "보아라, 우리는 예루살렘으로 올라가고 있다. 인자가 대제사장들과 율법학자들에게 넘어갈 것이다. 그들은 인자에게 사형을 선고하고, 이방 사람들에게 넘겨줄 것이다. ³⁴ 그리고 이방 사람들은 인자를 조롱하고 침 뱉고 채찍질하고 죽일 것이다. 그러나 그는 사흘 후에 살아날 것이다." ³⁵ 세베대의 아들들인 야고보와 요한이 예수께 다가와서 말하였다. "선생님, 우리가 요구하는 것은, 무엇이든지 해주시기 바랍니다." ³⁶ 예수께서 그들에게 말씀하셨다. "너희는 내가 너희에게 무엇을 해주기를 바라느냐?" ³⁷ 그들이 그에게 대답하였다. "선생님께서 영광을 받으실 때에, 하나는 선생님의 오른쪽에, 하나는 선생님의 왼쪽에 앉게 하여 주십시오." ³⁸ 예수께서 그들에게 말씀하셨다. "너희는, 너희가 구하는 것이 무엇인지를 모르고 있다. 내가 마시는 잔을 너희가 마실 수 있고, 내가 받는 세례를 너희가 받을 수 있느냐?" ³⁹ 그들이 그에게 말하였다. "할 수 있습니다." 예수께서 그들에게 말씀하셨다. "내가 마시는 잔을 너희가 마시고, 내가 받는 세례를 너희가 받을 것이다. ⁴⁰ 그러나 내 오른쪽과 내 왼쪽에 앉는 그 일은, 내가 허락할 수 있는 일이 아니다. 정해 놓으신 사람들에게 돌아갈 것이다." ⁴¹ 그런데 열 제자가 이것을 듣고, 야고보와 요한에게 분개하였다. ⁴² 그래서 예수께서는 그들을 곁에 불러 놓고, 그들에게 말씀하셨다. "너희가 아는 대로, 이방 사람들을 다스런다고 자처하는 사람들은, 백성들을 마구 내리누르고, 고관들은 백성들에게 세도를 부린다. <sup>43</sup> 그러나 너희끼리는 그렇게 해서는 안 된다. 너희 가운데서 누구든지 위대하게 되고자 하는 사람은 너희를 섬기는 사람이 되어야 하고, <sup>44</sup> 너희 가운데서 누구든지 으뜸이 되고자 하는 사람은 모든 사람의 종이 되어야 한다. <sup>45</sup> 인자는 섬김을 받으러 온 것이 아니라 섬기러 왔으며, <u>많은 사람을 구원하기 위하여 치를 몸값으로</u> 자기 목숨을 내주러 왔다." <sup>46</sup> 그들은 여리고에 갔다. 예수께서 제자들과 큰 무리와 함께 여리고를 떠나실 때에, 디매오의 아들 바디매오라는 눈먼 거지가 길 가에 앉아 있다가 <sup>47</sup> 나사렛 사람 예수가 지나가신다는 말을 듣고 "다윗의 자손 예수님, 나를 불쌍히 여겨 주십시오" 하고 외치며 말하기 시작하였다. <sup>48</sup> 그래서 많은 사람이 조용히 하라고 그를 꾸짖었으나, 그는 더욱더 큰소리로 외쳤다. "다윗의 자손님, 나를 불쌍히 여겨 주십시오." <sup>49</sup> 예수께서 걸음을 멈추시고, 그를 불러오라고 말씀하셨다. 그리하여 그들은 그 눈먼 사람을 불러서 그에게 말하였다. "용기를 내어 일어나시오. 예수께서 당신을 부르시오." <sup>50</sup> 그는 <u>자기의 겉옷을 벗어 던지고</u>, 벌떡 일어나서 예수께로 왔다. <sup>51</sup> 예수께서 그에게 말씀하셨다. "내가 너에게 무엇을 하여 주기를 바라느냐?" 그 눈먼 사람이 예수께 말하였다. "선생님, 내가 다시 볼 수 있게 하여 주십시오." <sup>52</sup> 예수께서 그에게 말씀하셨다. "가거라. 네 믿음이 너를 구원하였다." 그러자 그 눈먼 사람은 곧 다시 보게 되었다. 그리고 그는 예수가 가시는 길을 따라 나섰다.

# 웨슬리와 함께 읽기

1 **예수께서 거기에서 떠나** – 갈릴리에서 떠나서(마 19:1).

2 마태복음 5장 31절; 마태복음 19장 7절; 누가복음 16장 18절.

4 신명기 24장 1절.

6 **창조 때로부터** – 그래서 모세는 창세기 처음부터 우리에게 모든 만물의 기원에 관한 이야기를 전해주고 있다. 모세가 전한 대로 하나님께서 사람을 남자와 여자로 만드시기 이전에 어떤 다른 존재로 만드신 적이 없다는 사실은 분명하지 않은가! 따라서 아담이 맨 처음에 자기 안에 남성과 여성을 동시에 가지고 있지 않았다. 즉, 하나님께서 아담을 만드셨을 때는 그는 그저 남자였을 뿐이다. 그리고 하와는 그저 여자였을 뿐이다. 그리고 하나님께서는 그 남자와 그 여자를 아주 순결한 상태에서 서로 합하게 하셔서 남편과 아내로 짝지어주신 것이다.

7 창세기 2장 24절.

11,12 따라서 일부다처제는 분명히 여기에서 정죄하고 있다.

12 마가복음 10:11 주석을 보라.

13 마태복음 19:13.

14 **예수께서는 이것을 보시고 노하셔서** – 비난받지 말아야 할 사람들을

비난하는 것에 대해 노하셔서. 또한 어린아이들이 축복을 받지 못하도록 애써 가로막는 것에 대해 노하셔서. **하나님 나라는 이런 사람들의 것이다** – 나는 그 나라를 이 세상에 이루려고 왔고, 그 나라에 속한 사람들이 바로 이런 사람들이다. 이런 사람이란 심령이 어린이와 같은 사람을 가리키는 것이며, 그들이 어린이든 어른이든 상관은 없다.

15 **누구든지 어린이와 같이 하나님 나라를 받아들이지 않는 사람은** – 마치 이제 태어난 지 일주일밖에 안 된 아기처럼 모든 세상의 값지다고 하는 것이나 좋은 것들을 완전히 부인하지 않는 사람은.

17 마태복음 19장 16절; 누가복음 18장 18절.

20 **그가 예수께 말하였다. 선생님** – 그는 이제 욕을 먹게 되고, 잘했다는 칭찬은 잃어버리게 된다.

21 **예수께서 그를 눈여겨보시고** – 그 사람의 마음을 보시고 **그를 사랑스럽게 여기셨다** – 그분께서 그 사람 속에 있는 선한 모습을 보셨기 때문에 그러셨음이 틀림없다. 그리고 **그에게 말씀하셨다** – 사랑스러운 마음으로. **네가 부족한 것이 한 가지 있다** – 하나님에 대한 사랑. 하나님에 대한 사랑이 없다면 기독교는 시체나 다름없다. 이것을 위해서는 하나님을 사랑하는 데 너에게 큰 거침돌이 되는 것들을 모두 내버려라. 너의 큰 우상, 즉 재물을 포기하라. 가서 네가 가진 것을 다 팔아라.

24 **예수께서 그들에게 말씀하셨다. 어린 자들이여** – 그분께서 신랄한 진리를 얼마나 부드럽게 전달하시는지 보라! 그런데도 여전히 메시지의 본질은 일점일획도 경감시키거나 위축시키지 않으신다. **재물을 의지하는 자에게 있어서 얼마나 어려운가** – 그 재물을 지켜내기 위해서, 재물에서 행복을 찾기 위해서 혹은 목숨이라는 것은 늘 수많은 위험에 노출되어 있게 마련인데 그 위험으로부터 그 목숨을 지키기 위해서 재물

을 의지하는 자, 이러한 사람들이 하나님의 영광스러운 나라에 들어갈 수 없다는 사실은 아주 분명하며 부인할 수 없는 사실이다. 사람이 재물을 가지고 있으면서도 그것을 의지하지 않는다는 것보다 차라리 낙타가 바늘귀를 통과하기가 더 쉽다.[26] 그러므로 부자가 천국에 들어가는 것보다 낙타가 바늘귀를 통과하는 것이 더 쉽다.

28 보십시오, 우리는 모든 것을 버리고 – 그 젊은이는 그렇게 하려 하지 않았지만.

30 집과 기타의 것을 백 배나 받을 것이고 – 똑같은 종류를 받는 것이 아니라.[27] 왜냐하면 이런 보상과 더불어 받는 것이 박해이기 때문이다. 그러나 그 보상은 매우 가치 있는 것이다. 그 보상은 집, 형제 등 이 모든 것이 주는 것보다 수백 배나 더 많은 행복을 가져다주는 것이며, 그러한 세상의 것들이 줄 수 없는 행복이다. 그러나 주의할 것은 아무나 이런 행복을 얻게 되는 것이 아니라 박해를 더불어 받는 자만이 그런 행복을 얻게 된다는 사실이다.

32 그들은 예루살렘으로 가는 길에 있었다. 그리고 예수께서는 그들보다 앞서가셨는데, 그들이 놀랐다 – 그분이 겁 없이 담대하게 나가시는 모습을 보고 놀랐다. 왜냐하면 예수께서는 예루살렘에서 자신이 어떤 일을 겪게 될 것인지 그들에게 직접 말씀해주셨고, 그들은 그 말씀을 떠올렸기 때문이었다. 그들이 뒤따라 갈 때 두려워하였다 – 예수께서 겪으실 일과 자기들이 당할지도 모르는 일을 생각하니. 그런데도 그분께서는 그들을 준비시키는 것이 좋겠다는 생각을 하셨다. 그래서 그들에게 앞으로 일어날 일들에 대해 그들에게 더 구체적으로 말씀해주시기 시작하셨다(마 20:17; 눅 18:31).

35 말하였다 – 그들의 어머니를 통해서. 이 말을 한 사람은 그들이 아니

라 그들의 어머니였다(마 20:20).[28)]

38 **너희는 너희가 구하는 것이 무엇인지를 모르고 있다** – 너희들은 영광으로 가기 위해 반드시 겪어야 하는 고난을 너희가 구하고 있다는 사실을 알지 못하고 있다. 잔 – 내면적인 고난. 세례 – 외적으로 드러나는 고난.[29)] 우리 주님께서는 그 마음에 고난이 가득하셨고 겉으로도 고난으로 둘러싸여 있었다.

40 **정해놓으신 사람들에게 돌아갈 것이다** – 선행을 하면서 영광과 영예와 썩어 없어지지 않을 것들을 인내로써 계속 추구하는 사람들에게. 이런 사람들에게 영생은 준비되어 있다. 그분께서는 그날에 이런 사람들에게만 그것을 주실 것이다. 모든 사람은 자기가 한 대로 대가를 받게 될 것이다.

45 **많은 사람을 위한 몸값** – 그것이 몇 명이 되었든 그러한 몸값이 필요한 많은 사람을 위한(고후 5:15).

46 마태복음 20장 29절; 누가복음 18장 35절.

50 **자기 겉옷을 벗어 던지고** – 기쁨과 간절함 때문에.

## 역자 해설

우리의 행동에는 항상 목적과 이유가 있습니다. 때로는 아무 생각 없이 그냥 하기도 하지만, 사실 그것조차 우리가 미처 생각하거나 의식하고 있지 않을 뿐, 우리의 무의식이나 혹은 어떤 요인에 의해 그렇게 행동하게 되는 것입니다. 신앙생활에서도 마찬가지입니다. 우리는 예수님을 믿고 그분의 가르침을 따르는데, 그 이유나 목적은 무엇일까요? 우리는 종종 구원을 받기 위해서, 천국에 들어가기 위해서 그렇게 한다고 말합니다.

예수님 주변에도 예수님을 따르는 사람들이 늘 많았습니다. 그리고 그 주변에 몰려든 이유도 제각각입니다. 어떤 이는 자기의 질병을 치료하기 위해서, 어떤 이는 신기한 기적을 구경하려고, 예수님이 유명하신 분이라고 하니 얼굴 한번 보려고 혹은 예수님의 말씀이 좋아서, 아니면 친구 따라 강남 가듯 남이 한다고 하니 자기도 그냥 휩쓸려 따라다닌 사람도 있었을 것입니다. 다른 한편으로 바리새인이나 율법학자들처럼 예수님이 미워서 꼬투리를 잡으려고 염탐하러 따라다닌 사람도 있습니다. 혹자는 예수님이 참 메시아라고 믿었기에 그분의 뒤를 졸졸 따라다녔을 수도 있습니다. 이유야 어찌 되었든 사람들은 나름대로 이유와 목적을 갖고 예수님 주변에 몰려들었습니다.

17절 이하에 나오는 부자 청년은 아마도 예수님으로부터 인정을 받고 싶어서 다가온 것 같습니다. "나는 이 모든 것을 어려서부터 다 지켰습니다"(20절)라는 이 친구의 말을 듣자 하니 정말 훌륭한 사람은 맞는 것 같습니다. 이렇게 훌륭한 사람인데, 이 친구는 왜 굳이 예수님께 그것을 확인받으려 했을까요? 이 친구는 자신의 잘남을 드러내기 위해 예수님의 유명세를 이용했습니다. 예수님은 유명 인사요, 훌륭하고 권위 있으신 분으로 사람들에게 알려졌으니, 다른 사람보다 예수님으로부터 확실하게 도장을 받아놓으면 금상첨화 아니겠습니까? 만일 이 친구가 정말로 영생을 얻는 데 진지한 고민이 있었더라면 개인적으로 예수님을 조용히 찾아왔겠지요. 하지만 이 사람은 모든 사람 앞에서 그렇게 행동했습니다.

베드로를 비롯한 제자들은 어땠을까요? 예수님으로부터 예상 밖으로 카운터펀치를 맞은 이 부자 청년은 맥없이 떨어져 나가는데, 이때가 기회이다 싶었는지 베드로가 잘난 척하며 끼어듭니다: "보십시오. 우리는 모든 것을 버리고 선생님을 따랐습니다"(28절). 저렇게 완벽한 사람도 하지 못한 것을 자기는 했다는 것이지요. 왜 이 마당에 베드로는 자신의 카드를 기다렸다는 듯이 불쑥 내밀었을까요? 베드로와 제자들은 도대체 왜 예수님을 따라다녔을까요?

10장 뒷부분은 이에 대한 답을 내려 줍니다. 예수님은 하나님의 뜻에 따라서 순종하면서 십자가로 향한 길을 꾸준히 걸으시는데, 이 마당에 제자들은 어떻게든 그 기회를 이용해서 자신의 사욕을 채우려 합니다. 야고보와 요한 형제가 선수를 둡니다. 다른 제자들보다 먼저 예수님께 청탁을 하지요: "예수님이 영광스러운 자리에 오르실 때 우리가 양쪽 옆자리를 하나씩 꿰차고 앉을 수 있게 해주세요"(37절). 이 소식을 들은 나머지 열 명이 이 두 형제에게 분을 품고 화를 냅니다(41절). 마가가 이 상황을 상세히 묘사하지는 않지만, 아마도 서로 멱살 잡고 싸우지 않았을까 싶습니다. 그 광경을 보고 계셨을 예수님의 표정이 눈에 선합니다.

이 사람들은 도대체 왜, 무엇을 위해서 예수님을 따라다녔을까요? 32절에서 예수님이 고난과 죽음을 예고하시면서 예루살렘으로 올라가시는데, 제자들은 놀랐고, 뒤따르는 사람들은 두려워했다고 마가는 기록합니다(32절). 제자들이 왜 놀랐을까요? 그리고 사람들은 무엇이 그리 두려웠을까요? 놀란다거나 두려워한다는 표현은 마가복음 안에서는 매우 부정적인 뉘앙스로 사용되는 단어들입니다. 이들의 태도와 행동이 마가의 눈에는 좋게 비치지 않았다는 말입니다. 이들이 예수님이 어떤 분이시고 왜 이 땅에 오셨는지, 그분께서 하시고자 하는 일이 어떤 것이며 왜 그것이 중요한지 제대로 깨달았더라면 비록 마음은 무거웠을지언정 놀라거나 두려워하지 않았을 것입니다.

그러나 이들이 생각하는 구원, 복음, 하나님 나라, 예수님의 정체 등 이 모든 것을 제대로 알지 못하고 자기가 꿈꾸고 희망하는 관점에서 바라보고 이해했기에, 자기가 예상했던 경로에서 예수님이 벗어나시자 불안해지기 시작한 것입니다. 애초에 이 사람들은 예수님과 동상이몽 관계에 있었던 것이지요. 우리도 예수님을 믿고 그분의 뒤를 따릅니다. 그래서 주일예배에 참석하고, 말씀도 묵상하고, 기도하고 찬송도 합니다. 더 나아가서 다른 이들을 전도하기도 합니다. 그런데 이 모든 것을 하는 이유는 무엇일까요? 그 근본적인 이유와 목적, 왜 내가 이렇게 하고 있는지 그 깊은 바닥까지 한번 점검해볼 필요가 있습니다.

# 마가복음 11장

¹ 그들이 예루살렘 가까이에, 곧 올리브 산에 있는 벳바게와 베다니 가까이에 이르렀을 때에, 예수께서 제자 둘을 보내시며, ² 그들에게 말씀하셨다. "너희는 맞은편 마을로 가거라. 거기에 들어가서 보면, 아직 아무도 탄 적이 없는 새끼 나귀 한 마리가 매여 있을 것이다. 그것을 풀어서 끌고 오너라. ³ 어느 누가 '왜 이러는 거요?' 하고 물으면 '주님께서 쓰시려고 하십니다. 쓰시고 나면, 지체없이 이리로 돌려보내실 것입니다' 하고 말하여라." ⁴ 그들은 가서, 새끼 나귀가 바깥 길 쪽으로 나 있는 문에 매여 있는 것을 보고, 그것을 풀었다. ⁵ 거기에 서 있는 사람들 가운데 몇 사람이 그들에게 물었다. "새끼 나귀를 풀다니, 무슨 짓이오?" ⁶ 제자들은 예수께서 일러주신 대로 그들에게 말하였다. 그러자 그들은 가만히 있었다. ⁷ 제자들이 그 새끼 나귀를 예수께로 끌고 와서, 자기들의 겉옷을 그 등에 걸쳐놓으니, 예수께서 그 위에 올라 타셨다. ⁸ 많은 사람이 자기들의 겉옷을 길에다 폈으며, 다른 사람들은 들에서 잎 많은 생나무 가지들을 꺾어다가 길에다 깔았다. ⁹ 그리고 앞에 서서 가는 사람들과 뒤따르는 사람들이 외쳤다. "호산나!" "복되시다! 주님의 이름으로 오시는 분!" ¹⁰ "복되다! 다가오는 우리 조상 다윗의 나라여!" "더 없이 높은 곳에서, 호산나!" ¹¹ 예수께서 예루살렘에 이르러 성전에 들어가셨다. 그는 거기서 모든 것을 둘러보신 뒤에, 날이 이

미 저물었으므로, 열두 제자와 함께 베다니로 나가셨다. <sup>12</sup> 이튿날 그들이 베다니를 떠나갈 때에, 예수께서는 시장하셨다. <sup>13</sup> 멀리서 잎이 무성한 무화과나무를 보시고, 혹시 그 나무에 열매가 있을까 하여 가까이 가서 보셨는데, 잎사귀밖에는 아무것도 없었다. 무화과의 철이 아니었기 때문이다. <sup>14</sup> 예수께서 그 나무에게 말씀하셨다. "이제부터 영원히, 네게서 열매를 따먹을 사람이 없을 것이다." 제자들이 예수께서 말씀하시는 것을 들었다. <sup>15</sup> 그리고 그들은 예루살렘에 들어갔다. 예수께서 성전에 들어가셔서, 성전 뜰에서 팔고 사고 하는 사람들을 내쫓으시면서 돈을 바꾸어 주는 사람들의 상과 비둘기를 파는 사람들의 의자를 둘러엎으시고, <sup>16</sup> 성전 뜰을 가로질러 물건을 나르는 것을 금하셨다. <sup>17</sup> 예수께서는 가르치시면서, 그들에게 말씀하셨다. "기록한 바 '내 집은 만민이 기도하는 집이라고 불릴 것이다' 하지 않았느냐? 그런데 너희는 그 곳을' 강도들의 소굴'로 만들어 버렸다." <sup>18</sup> 대제사장들과 율법학자들이 이 말씀을 듣고서는, 어떻게 예수를 없애 버릴까 하고 방도를 찾고 있었다. 그들은 예수를 두려워하고 있었던 것이다. 무리가 다 예수의 가르침에 놀라고 있었기 때문이다. <sup>19</sup> 저녁때가 되면, 예수와 제자들은 으레 성 밖으로 나갔다. <sup>20</sup> 이른 아침에 그들이 지나가다가, 그 무화과나무가 뿌리째 말라 버린 것을 보았다. <sup>21</sup> 그래서 베드로가 전날 일이 생각나서 예수께 말하였다. "랍비님, 저것 좀 보십시오, 선생님이 저주하신 저 무화과나무가 말라 버렸습니다." <sup>22</sup> 예수께서는 그들에게 말씀하셨다. "하나님을 믿어라. <sup>23</sup> 내가 진정으로 너희에게 말한다. 누구든지 이 산더러 '번쩍 들려서 바다에 빠져라' 하고 말하고, 마음에 의심하지 않고 말한 대로 될 것을 믿으면, 그대로 이루어질 것이다. <sup>24</sup> 그러므로 나는 너희에게 말한다. 너희가 기도하면서 구하는 것은 무엇이든지, 이미 그것을 받은 줄로 믿어라. 그리하면, 너희에게 그대로 이루어질 것이다. <sup>25</sup> 너희가 서서 기도할 때에, 어떤 사람과 서로 등진 일이 있으면, 용서하여라. 그래야, 하늘에 계신 너희 아버지께서도 너희의 잘못을 용서해 주실 것이다." (26절 없음) **27** 그들은 다시 예루살렘에 들어갔다. 예수께서 성전 뜰에서 거닐고 계실 때에, 대제사장들과 율법학자들과 장로들이 예수께로 와서 **28** 물었다. "당신은 무슨 권한으로 이런 일을 합니까? 누가 당신에게 이런 일을 할 수 있는 권한을 주었습니까?" **29** 예수께서 그들에게 말씀하셨다. "나도 너희에게 한 가지를 물어 보겠으니, 나에게 대답해 보아라. 그러면 내가 무슨 권한으로 이런 일을 하는지를 너희에게 말하겠다. **30** 요한의 세례가 하늘에서 온 것이냐, 사람에게서 온 것이냐? 내게 대답해 보아라." **31** 그들은 자기들끼리 의논하며 말하였다. "'하늘에서 왔다'고 말하면 '어찌하여 그를 믿지 않았느냐'고 할 것이다. **32** 그렇다고 해서 '사람에게서 왔다'고 대답할 수도 없지 않은가?" 그들은 무리를 무서워하고 있었다. 무리가 모두 요한을 참 예언자로 알고 있었기 때문이었다. **33** 그래서 그들이 예수께 대답하였다. "모르겠습니다." 예수께서 그들에게 말씀하셨다. "나도 내가 무슨 권한으로 이런 일을 하는지를 너희에게 말하지 않겠다."

# 웨슬리와 함께 읽기

1 **올리브 산에 있는 벳바게와 베다니에** - 베다니의 경계는 올리브 산까지 뻗어 있고 벳바게와 연결되어 있다. 벳바게는 예루살렘의 근교인데 올리브 산에서 시작해서 예루살렘 성벽에 이르는 지역이다. 우리 주님께서는 베다니와 벳바게의 경계가 서로 만나는 지점에 오셨다(마 21:1; 눅 19:29; 요 12:12).

11 마태복음 21장 10, 17절.

12 마태복음 21장 18절.

13 **무화과의 철이 아니었기 때문이다** - 무화과를 수확하기에 적기가 아니었다. 일찍 수확하는 품종은 봄에 일찍 무르익기는 하지만, 최소한 그 품종의 무화과로서도 적기가 아니었다. 무화과의 철이 아니었다는 말 자체는 무화과를 모아들이는 때가 아니라는 것을 뜻하며, 이렇게 볼 때 아직 무화과를 수확하는 철이 아니라는 의미가 된다. 그래서 (본문에서 괄호로 넣은 구절은 예수께서 가까이 와서 보시고 잎사귀밖에는 아무것도 없었다는 말이 있다) 이 구절은 그 문장 앞부분을 가리키며, 따라서 그리스도께서 이 나무에 무화과가 좀 달려 있을까 하여 보러 가셨던 이유라고 할 수 있다. 어떤 사람들은 그분께서 계셨던 곳에서는 그때가 무화과를 수확하는 철이었기 때

문에 괄호 안에 있는 구절은 아무런 의미가 없다는 식으로 번역을 한다. 그렇다면 이 구절의 이러한 의미는 이 비유가 추구하는 중요한 의도와 가장 잘 맞아떨어진다. 즉, 열매를 기대할 수 있는 적기임에도 불구하고 아무런 열매를 맺지 못한 유대 교회를 야단치시려는 주님의 의도를 잘 반영하는 것이다.[30]

15 마태복음 21장 12절; 누가복음 19장 45절.

16 우리 주님께서는 거룩함에 대한 것조차도 이렇게 강한 어조로 단호하게 말씀하셨다. 특별히 하나님께 구별된 장소(시간뿐만 아니라)에 관해 마땅히 해야 하는 것에 대해서 그렇게 말씀하셨다.

17 이사야 56장 7절; 예레미야 7장 11절.

18 그들은 예수를 두려워하였다 – 즉, 그들은 폭력을 사용해서 그분을 끌고 가기를 두려워했다. 혹시나 폭동이 일어나지 않을까 걱정했다. 무리가 다 예수의 가르침에 놀라고 있었기 때문이다 – 그분의 뛰어난 설교에 놀라기도 했고, 그분께서 가르치실 때 보이시는 위엄과 권위에 놀라기도 했다.

20 마태복음 21장 20절.

22 하나님을 믿어라 – 하나님은 사람들의 잘못을 찾아내실 수 있으신 분이다. 만일 모든 만물의 창조자시고 경영자이신 그분께서 자신의 말 한마디로 직접 창조하신 수천의 무기력한 피조물들을 파괴하실 수 있으신 분이시라면, 그분께서는 이 중요한 가르침을 한 사람의 불멸의 영혼 속에 깊이 각인시켜주실 수 있지 않으시겠는가!

25 너희가 서서 기도할 때에 – 서서 기도하는 것은 그들이 기도할 때 흔히 취하던 자세였다. 용서하라 – 그리고 이렇게 할 때 너희가 분을 내거나 의심하지 않은 상태로 무엇을 구하든지 그 구하는 것을 받게 될 것

이다(마 6:14).

27 마태복음 21장 23절; 누가복음 20장 1절.

# 마가복음 12장

¹ 예수께서 그들에게 비유로 말씀하기 시작하셨다. "어떤 사람이 포도원을 일구어서, 울타리를 치고, 포도즙을 짜는 확을 파고, 망대를 세웠다. 그리고 그것을 농부들에게 세로 주고, 멀리 떠났다. ² 때가 되어서, 주인은 농부들에게서 포도원 소출의 얼마를 받으려고 한 종을 농부들에게 보냈다. ³ 그런데 그들은 그 종을 잡아서 때리고, 빈 손으로 돌려보냈다. ⁴ 주인이 다시 다른 종을 농부들에게 보냈다. 그랬더니 그들은 그 종의 머리를 때리고, 그를 능욕하였다. ⁵ 주인이 또 다른 종을 농부들에게 보냈더니, 그들은 그 종을 죽였다. 그래서 또 다른 종을 많이 보냈는데, 더러는 때리고, 더러는 죽였다. ⁶ 이제 그 주인에게는 단 한 사람, 곧 사랑하는 아들이 남아 있었다. 마지막으로 그 아들을 그들에게 보내며 말하기를 '그들이 내 아들이야 존중하겠지' 하였다. ⁷ 그러나 그 농부들은 서로 말하였다. '이 사람은 상속자다. 그를 죽여 버리자. 그러면 유산은 우리의 차지가 될 것이다.' ⁸ 그러면서, 그들은 그를 잡아서 죽이고, 포도원 바깥에다가 내던졌다. ⁹ 그러니, 포도원 주인이 어떻게 하겠느냐? 그는 와서 농부들을 죽이고, 포도원을 다른 사람들에게 줄 것이다. ¹⁰ 너희는 성경에서 이런 말씀도 읽어 보지 못하였느냐? '집을 짓는 사람이 버린 돌이 집 모퉁이의 머릿돌이 되었다. ¹¹ 이것은 주님께서 하신 일이요, 우리 눈에는 놀랍게 보인다." ¹² 그들은 이 비유

가 자기들을 겨냥하여 하신 말씀인 줄 알아차리고, 예수를 잡으려고 하였다. 그러나 그들은 무리를 두려워하여, 예수를 그대로 두고 떠나갔다. <sup>13</sup> 그들은 말로 예수를 책잡으려고, 바리새파 사람들과 헤롯 당원 가운데서 몇 사람을 예수께로 보냈다. <sup>14</sup> 그들이 와서, 예수께 말하였다. "선생님, 우리는, 선생님이 진실한 분이시고 아무에게도 매이지 않는 분이심을 압니다. 선생님은 사람의 겉모습으로 판단하지 않으시고, 하나님의 길을 참되게 가르치십니다. 그런데, 황제에게 세금을 바치는 것이 옳습니까, 옳지 않습니까? 바쳐야 합니까, 바치지 말아야 합니까?" <sup>15</sup> 예수께서 그들의 속임수를 아시고, 그들에게 말씀하셨다. "어찌하여 나를 시험하느냐? 데나리온 한 닢을 가져다가, 나에게 보여보아라." <sup>16</sup> 그들이 그것을 가져오니, 예수께서 그들에게 물으셨다. "이 초상은 누구의 것이며, 적힌 글자는 누구의 것이냐?" 그들이 대답하였다. "황제의 것입니다." <sup>17</sup> 예수께서 그들에게 말씀하셨다. "황제의 것은 황제에게 돌려주고, 하나님의 것은 하나님께 돌려드려라." 그들은 예수께 경탄하였다. <sup>18</sup> 부활이 없다고 주장하는 사두개파 사람들이 예수께 와서, 물었다. <sup>19</sup> "선생님, 모세가 우리에게 써 주기를 '어떤 사람의 형이 자식이 없이, 아내만 남겨 두고 죽으면, 그 동생이 그 형수를 맞아들여서, 그의 형에게 대를 이을 자식을 낳아 주어야 한다' 하였습니다. <sup>20</sup> 형제가 일곱 있었습니다. 그런데, 맏이가 아내를 얻었는데, 죽을 때에 자식을 남기지 못하였습니다. <sup>21</sup> 그리하여 둘째가 그 형수를 맞아들였는데, 그도 또한 자식을 남기지 못하고 죽고, 셋째도 그러하였습니다. <sup>22</sup> 일곱이 모두 자식을 두지 못하였습니다. 맨 마지막으로 그 여자도 죽었습니다. <sup>23</sup> [그들이 살아날] 부활 때에, 그 여자는 그들 가운데 누구의 아내가 되겠습니까? 일곱이 모두 그 여자를 아내로 맞아들였으니 말입니다." <sup>24</sup> 예수께서 그들에게 말씀하셨다. "너희는 성경도 모르고, 하나님의 능력도 모르니까, 잘못 생각하는 것이 아니냐? <sup>25</sup> 사람이 죽은 사람들 가운데서 살아날 때에는, 장가도 가지 않고 시집도

가지 않고, 하늘에 있는 천사들과 같다. **26** 죽은 사람들이 살아나는 일에 관해서는, 모세의 책에 떨기나무 이야기가 나오는 대목에서, 하나님께서 모세에게 어떻게 말씀하셨는지를, 너희는 읽어보지 못하였느냐? 하나님께서는 모세에게 말씀하시기를 '나는 아브라함의 하나님이요, 이삭의 하나님이요, 야곱의 하나님이다' 하시지 않으셨느냐? **27** 하나님은 죽은 사람들의 하나님이 아니라, 살아 있는 사람들의 하나님이시다. 너희는 생각을 크게 잘못 하고 있다." **28** 율법학자들 가운데 한 사람이 다가와서, 그들이 변론하는 것을 들었다. 그는 예수가 그들에게 대답을 잘 하시는 것을 보고서, 예수께 물었다. "모든 계명 가운데서 가장 으뜸되는 것은 어느 것입니까?" **29** 예수께서 대답하셨다. "첫째는 이것이다. '이스라엘아, 들어라. 우리 하나님이신 주님은 오직 한 분이신 주님이시다. **30** 네 마음을 다하고, 네 목숨을 다하고, 네 뜻을 다하고, 네 힘을 다하여, 너의 하나님이신 주님을 사랑하여라.' **31** 둘째는 이것이다. '네 이웃을 네 몸 같이 사랑하여라.' 이 계명보다 더 큰 계명은 없다." **32** 그러자 율법학자가 예수께 말하였다. "선생님, 옳은 말씀입니다. 하나님은 한 분이시요, 그 밖에 다른 이는 없다고 하신 그 말씀은 옳습니다. **33** 또 마음을 다하고 지혜를 다하고 힘을 다하여 하나님을 사랑하는 것과, 이웃을 자기 몸 같이 사랑하는 것이, 모든 번제와 희생제보다 더 낫습니다." **34** 예수께서는, 그가 슬기롭게 대답하는 것을 보시고, 그에게 말씀하셨다. "너는 하나님의 나라에서 멀리 있지 않다." 그 뒤에는 감히 예수께 더 묻는 사람이 없었다. **35** 예수께서 성전에서 가르치실 때에, 이렇게 말씀하셨다. "어찌하여 율법학자들은, 그리스도가 다윗의 자손이라고 하느냐? **36** 다윗이 성령의 감동을 받아서 친히 이렇게 말하였다. '주님께서 내 주께 말씀하셨다. 「내가 네 원수를 네 발 아래에 굴복시킬 때까지, 너는 내 오른쪽에 앉아 있어라.」 **37** 다윗 스스로가 그를 주라고 불렀는데, 어떻게 그가 다윗의 자손이 되겠느냐?" 많은 무리가 예수의 말씀을 기쁘게 들었다. **38** 예수께서 가르치시면서, 이렇게 말씀하셨다. "율법학자들을 조심하여라. 그들은 예복을 입고 다니기를 좋아하고, 장터에서 인사받기를 좋아하고, **39** 회당에서는 높은 자리에 앉기를 좋아하고, 잔치에서는 윗자리에 앉기를 좋아한다. **40** 그들은 과부들의 가산을 삼키고, 남에게 보이려고 길게 기도한다. 이런 사람들이야말로 더 엄한 심판을 받을 것이다." **41** 예수께서 헌금함 맞은쪽에 앉아서, 무리가 어떻게 헌금함에 돈을 넣는가를 보고 계셨다. 많이 넣는 부자가 여럿 있었다. **42** 그런데 가난한 과부 한 사람은 와서, 렙돈 두 닢 곧 한 고드란트를 넣었다. **43** 예수께서 제자들을 곁에 불러 놓고서, 그들에게 말씀하셨다. "내가 진정으로 너희에게 말한다. 헌금함에 돈을 넣은 사람들 가운데, 이 가난한 과부가 어느 누구보다도 더 많이 넣었다. **44** 모두 다 넉넉한 데서 얼마씩을 떼어 넣었지만, 이 과부는 가난한 가운데서 가진 것 모두 곧 자기 생활비 전부를 털어 넣었다."

# 웨슬리와 함께 읽기

1 마태복음 21장 43절; 누가복음 20장 9절.

10 시편 118편 22절.

12 그들은 무리를 두려워하여 - 자신의 자녀들을 위하여 모든 것을 사용하시다니, 이 얼마나 놀라운 하나님의 섭리인가! 일반적으로 군중은 자신들의 통치자들에 대한 두려움에 사로잡혀서 하나님의 자녀들을 조각조각 찢어놓지 못한다. 또한 여기에서는 통치자들도 그 군중을 두려워하기 때문에 함부로 행동하지 못한다.

13 마태복음 22장 15절; 누가복음 20장 20절.

17 그들은 예수께 경탄하였다 - 그분께서 지혜롭게 답하시는 것에.

18 마태복음 21장 23절; 누가복음 20장 27절.

19 신명기 25장 5절.

25 죽음에서 부활한 뒤에는 남자나 여자나 결혼하지 않는다.

26 출애굽기 3장 6절.

27 하나님은 죽은 사람들의 하나님이 아니라, 살아있는 사람들의 하나님이시다 - 즉, (이 논쟁을 최대한 끌어간다면) 어떤 사람이든 하나님에 대해서 어떤 모습을 생각한다면, 그 이미지는 순전히 그 사람들, 즉 죽은 자가

아닌 살아있는 그 사람들과 관련한 것을 뜻한다. 만일 그 사람들이 죽은 사람들이라면 하나님이 지금 당장 그 사람들에게 현존하고 계신다고 말할 수 없다. 영혼과 육체를 가지고 있는 아브라함, 이삭 혹은 야곱이라는 사람들의 육신이 영원한 죽음 가운데 거주하고 있다고 한다면 그분께서는 그 사람들의 하나님이라고 할 수 없다. 미래에는 지극한 복락의 상태가 반드시 있고, 그때에는 육신도 부활하여 그 안에서 영혼과 함께 그 복락을 누리게 되어 있다.

**28 가장 으뜸인 것** – 가장 중요하고 반드시 지켜야만 하는 것(마 22:34; 눅 10:25).

**29 우리 주 하나님은 한 분이신 주님이시다** – 이것이 바로 첫 번째 계명의 기초이자 모든 계명의 기초이다. 우리 주 하나님은 모든 사람의 주님이시고 하나님이시다. 이분은 본질에서 세 분이시지만 한 분이신 하나님이시다. 이러한 하나님의 단일성에 근거하여 우리는 우리의 모든 사랑을 그분 한 분께만 바친다(신 6:4).

**30 네 힘을 다하여** – 즉, 너의 모든 이해력과 의지와 감정이 할 수 있는 최대한의 힘과 능력으로.

**31 둘째는 이와 같으니** – 종합적인 성질의 것으로서, 인류를 향한 우리의 모든 의무에 대한 것이다. 이 계명은 이 세상 어떤 규범보다도 뛰어난, 의식법(ceremonial)과는 비교할 수 없는 가장 위대한 도덕법(moral)이다(레 19:18).[31]

**33 네 마음을 다해 그분을 사랑하고** – 영혼의 모든 힘과 능력을 한곳으로 모아서 그 모든 힘을 다해 그분을 사랑하고 섬기는 것. 또한 **이웃을 자기 자신처럼 사랑하는 것** – 모든 인간을 향해서도 이와 똑같은 자비의 모습과 행동을 드러내는 것이다. 만일 우리가 어떤 상황에 있을 때

다른 사람이 우리에게 해주었으면 하고 기대하는 것처럼 우리가 그들에게도 똑같이 그렇게 대해주는 것은 가장 고상하고 값진 희생 제사보다 더욱 중요하고 반드시 해야 하는 의무이다.

**34 예수께서 그에게 말씀하셨다. "너는 하나님의 나라에서 멀리 있지 않다."** - 독자들이여! 여러분도 그렇다면 계속해서 나아가야 하지 않겠는가? 진실한 그리스도인이 되시오! 만약에 그렇지 못할 바에야 차라리 멀리 떨어져 있는 것이 여러분에게 더 좋았을 뻔했을 것이오!

**35** 마태복음 22장 41절; 누가복음 20장 4절.

**36** 시편 110편 1절.

**38 율법학자들을 조심하여라** - 이러한 경고의 말씀을 거듭해서 하실 필요가 꼭 있으셨다. 이 사람들은 그리스도를 대적하여 뿌리 깊은 편견을 갖고 있던 사람들이어서, 이 구제 불능의 신성모독 하는 자들이 제대로 단단히 망신을 당해야만 비로소 일반인들이 복음을 받아들일 것이기 때문이었다. 하지만 예수께서는 만일 그렇게 할 때 곧바로 어떤 결과가 나타날 것인지 알고 계셨기 때문에 자신이 수난을 당하시기 조금 전까지 이런 식으로 말씀하시는 것을 잠시 지체하셨다. 이러한 것은 우리에게 있어서는 전례가 없는 것이다. 우리는 예수님과 똑같은 권위를 가지고 있지 않다(마 23:5; 눅 20:46).

**41 무리가 어떻게 헌금함에 돈을 넣는가를 보고 계셨다** - 이 헌금함은 명절에 예배를 드리러 올라온 사람들에게 자발적으로 헌금을 받는 함이었다. 이 헌금으로 제단을 만들 목재를 사들이거나 다른 어떤 식으로든 필요한 물건을 구매하는 데 사용하였다(눅 21:1).

**43 내가 진정으로 너희에게 말한다. 헌금함에 돈을 넣은 사람들 가운데, 이 가난한 과부가 어느 누구보다도 더 많이 넣었다** - 모든 사람을 판단

하는 사람들이 저지르는 겉만 번지르르한 외적 행동에 어떤 판결이 내려지는지 보라! 자기 자신을 부인하는 사랑에서 솟아나는 가장 작은 것이 그분께 얼마나 받으실 만한 것이 되는지 보라!

## 역자 해설

    드디어 예수님은 예루살렘에 들어가십니다. 예수님은 다른 사람의 나귀 새끼를 빌려 타고 예루살렘 성으로 들어가십니다. 주변에서 군중은 환호합니다. 성전을 둘러보신 후에 예수님은 예루살렘 성 밖으로 나오시고, 다음 날 아침 다시 예루살렘으로 들어가십니다. 가시는 길에 무화과나무 열매를 따서 드시려고 하다가 열매가 안 달린 것을 보시고 그 나무를 저주하십니다. 그리고 예루살렘 성전에 들어가셔서 성전 뜰에서 장사하는 사람들을 모두 내쫓으십니다. 그리고 저녁이 되어 다시 성 밖으로 나오십니다. 다음 날 아침 다시 예루살렘으로 들어가던 예수님의 일행은 전날 아침 저주받은 무화과나무가 뿌리째 말라 죽은 것을 봅니다. 그리고 다시 예루살렘 성에 들어가신 예수님은 유대 지도자들과 많은 논쟁을 벌이십니다.

    11장부터 12장까지는 매우 흥미로운 구도로 이루어져 있습니다.

| 장절 | | 사건 |
|---|---|---|
| 11:1-11 | | 예루살렘 입성 |
| 11:12-25 | 12-14 | A. 무화과나무 저주 |
| | 15-19 | B. 성전 사건 |
| | 20-25 | A. 무화과나무 죽음 |

| | 27-12:12 | 논쟁 1:대제사장, 율법학자, 장로 |
|---|---|---|
| 11:27-12:34 | 13-17 | 논쟁 2: 바리새인, 헤롯 당원 |
| | 18-27 | 논쟁 3: 사두개인 |
| | 28-34 | 결론: 유대 지도자 대표의 항복 |
| 12:35-44 | 35-40 | 승리와 심판의 선언 |
| | 41-44 | 참 제자의 사례 |
| 13:1-2 | | 승리의 선포 |

예루살렘 입성에서 예수님은 군중에게서 환호를 받습니다. 그들이 예수님 앞에 깔아놓은 겉옷은 왕으로 등극을 의미합니다(왕하 9:13). 그들이 흔드는 나뭇가지는 개선 행진 장면을 보여줍니다. 그들이 외치는 "호산나"는 "우리를 구원하소서"라는 뜻이며, 이들이 기대하는 새로운 왕국은 '다윗의 나라'입니다. 사람들은 예수님이 마지막 때 자기들을 로마의 압제에서 해방하고(그들이 생각한 구원의 의미) 이스라엘 역사상 가장 이상적이었던 다윗의 나라를 회복시킬 것을 기대했습니다. 이것이 그들이 꿈꾸는 메시아의 모습입니다(사 11장). 그러나 예수님은 나귀, 그것도 새끼 나귀를, 그것도 빌려온 나귀를 타고 입성하십니다. 군중이 생각하는 왕적 메시아의 이미지와는 전혀 다른 모습입니다.

그렇게 예루살렘에 들어가시는데 무화과나무 사건이 벌어집니다. 무화과나무 사건 중간에 성전 사건이 벌어집니다. A-B-A형식으로 구성된 이 이야기는 무화과나무와 예루살렘 성전이 서로 연결된 것임을 보여줍니다. 마가는 무화과나무에 열매가 없는 이유는 무화과 철이 아직 아니기 때문이라고 말합니다(13절). 따라서 마가는 예수님께서 무화과가 안 열렸다고 저주하시는 것이 사실 비상식적인 행동임을 말합니다. 즉, 예수님께서 하신 행동은 무엇인가를 말씀하시기 위한 일종의 상징 행위라는 것입니다. 그리고 무화과나무를 통해서 말씀하시려던 것은 성전의 운명입니다. 성전에서 거래를 금지한다는 것은 예배를 금지하는 것과 같습니다.

예배에는 예물이 있어야 하는데, 가이사의 초상이 새겨진(우상) 세속 동전을 헌금으로 바칠 수 없기에 성전 뜰에는 이 돈을 성전 돈으로 바꿔주는 환전상이 있던 것입니다. 따라서 환전을 못 한다면 예배를 못 드리는 것입니다. 각종 희생제물을 구매하지 못하면 예배를 드릴 수 없는 것도 마찬가지입니다. 따라서 예수님께서 성전 뜰에서 하신 행동은 성전을 청소하신 것이 아니라, 아예 성전의 기능을 폐지하신 것입니다. 그 결과 성전은 더 이상 쓸모없는 존재가 되었습니다. 즉, 성전은 이제 말라 죽어서 영영 열매를 맺지 못하는 무화과나무와 같은 처지입니다. 대신 마가는 새로운 예배의 모습으로 믿음과 기도, 즉 하나님에 대한 신뢰와 이웃에 대한 사랑을 제시합니다(11:23-25).

예수님께서 메시아로 등극하신 후 구시대의 유물인 예루살렘 성전 제의를 폐하시고 새로운 하나님 나라의 원리, 즉 하나님에 대한 신뢰와 이웃에 대한 사랑을 선포하시자 기득권자인 유대 지도자들이 일제히 들고 일어나 저항합니다. 11장 27절-12장 27절에는 대제사장, 율법학자, 장로, 바리새인, 헤롯당원, 사두개인 등 마가복음에 나오는 유대 지도자들이 모두 등장합니다. 위의 논쟁 1-3을 통해 예수님은 이들과 한 판 승부를 벌이십니다. 그 결과 이들 모두 예수님에게 패합니다. 그들이 아무리 꼬투리를 잡아서 예수님을 넘어뜨리려 해도 그들은 결국 모두 실패합니다. 그래서 이 모든 결투가 끝난 뒤에 율법학자 중 한 사람이 마치 대표처럼 예수님께 나아와서 항복을 선언합니다(28-34절). 여기에서 예수님은 하나님 사랑과 이웃 사랑을 요약하여 말씀하시고, 이에 율법학자는 이 두 가지가 "모든 번제와 희생 제사보다 더 낫다"고 말합니다. 앞에서 예수님께서 성전을 폐하시고 새롭게 제시하신 말씀이 맞다고 율법학자가 결국 패배를 인정하는 것입니다. 그리고 이후로 "감히 예수님께 더 묻는 사람이 없었다"라고 마가는 이 모든 갈등을 마무리합니다(12:34).

이에 예수님은 군중을 향해 승리를 선포하십니다. 그들이 호산나로 외치던 다윗의 나라를 이룩하실 참 다윗의 자손 메시아이자 바로 예수님 자신임을 확인하시고(35-37a), 이에 무리는 그 말씀을 "기쁘게 듣습니다"(37b). 승리를 선포하신 예수님은 백성을 오도하는 유대 지도자들에게 심판을 선언하십니다(38-40). 위선적 삶을 사는 그들은 심판을 받게 될 것입니다. 하지만 예수님은 하나님 앞에 겸손한 마음으로 나와 그 앞에 자신의 최선을 예물로 드린 과부를 참 제자로 제시하십니다. 비록 경제적으로 쪼들리고 사회적으로는 멸시받는 가난한 과부였지만, 그녀의 예물은 하나님이 받으실 만한 예배의 예물이 되었습니다. 이로써 마가는 예수님을 통해 이제 새롭게 이뤄지는 하나님 나라의 모습과 그 앞에 무용지물이 되는 구시대의 모습을 대비시킵니다. 그리고 그 일을 이루시는 이가 예수님이며, 우리를 그 새 시대의 질서 속으로 들어오라고 부르십니다. 형식만 남은 구시대는 사그라지고 이제 예수 그리스도를 통해 이루어지는 새로운 나라로 들어와서 그 나라의 새로운 삶과 행동의 법칙을 받아들이라고 우리를 부르십니다.

# 마가복음 13장

¹ 예수께서 성전을 떠나가실 때에, 제자들 가운데서 한 사람이 예수께 말하였다. "선생님, 보십시오! 얼마나 굉장한 돌입니까! 얼마나 굉장한 건물들입니까!" ² 예수께서 그에게 말씀하셨다. "너는 이 큰 건물들을 보고 있느냐? 여기에 돌 하나도 돌 위에 남지 않고 다 무너질 것이다." ³ 예수께서 올리브 산에서 성전을 마주 보고 앉아 계실 때에, 베드로와 야고보와 요한과 안드레가 따로 예수께 물었다. ⁴ "우리에게 말씀해 주십시오. 이런 일이 언제 일어나겠습니까? 또 이런 일들이 이루어지려고 할 때에는, 무슨 징조가 있겠습니까?" ⁵ 예수께서 그들에게 말씀하셨다. "누구에게도 속지 않도록 조심하여라. ⁶ 많은 사람이 내 이름으로 와서는 '내가 그리스도다' 하면서, 많은 사람을 속일 것이다. ⁷ 또 너희는 여기저기에서 전쟁이 일어난 소식과 전쟁이 일어날 것이라는 소문을 듣게 되어도, 놀라지 말아라. 이런 일이 반드시 일어나야 한다. 그러나 아직 끝은 아니다. ⁸ 민족과 민족이 맞서 일어나고, 나라와 나라가 맞서 일어날 것이며, 지진이 곳곳에서 일어나고, 기근이 들 것이다. 이런 일들은 진통의 시작이다. ⁹ 너희는 스스로 조심하여라. 사람들이 너희를 법정에 넘겨줄 것이며, 너희가 회당에서 매를 맞을 것이다. 또 너희는 나 때문에 총독들과 임금들 앞에 서게 되고, 그들에게 증언할 것이다. ¹⁰ 먼저 복음이 모든 민족에게 전파되어야 한다. ¹¹ 사람들

이 너희를 끌고 가서 넘겨줄 때에, 너희는 무슨 말을 할까 하고 미리 걱정하지 말아라. 무엇이든지 그 시각에 말할 것을 너희에게 지시하여 주시는 대로 말하여라. 말하는 이는 너희가 아니라 성령이시다. **12** 형제가 형제를 죽음에 넘겨주고, 아버지가 자식을 또한 그렇게 하고, 자식이 부모를 거슬러 일어나서 부모를 죽일 것이다. **13** 너희는 내 이름 때문에 모든 사람에게서 미움을 받을 것이다. 그러나 끝까지 견디는 사람은 구원을 받을 것이다." **14** "'황폐하게 하는 가증스러운 물건이 서지 못할 곳에 선 것'을 보거든, (읽는 사람은 깨달아라) 그 때에는 유대에 있는 사람들은 산으로 도망하여라. **15** 지붕 위에 있는 사람은, 내려오지도 말고, 제 집 안에서 무엇을 꺼내려고 들어가지도 말아라. **16** 들에 있는 사람은 제 겉옷을 가지러 뒤로 돌아서지 말아라. **17** 그 날에는 아이 밴 여자들과 젖먹이가 딸린 여자들은 불행하다. **18** 이 일이 겨울에 일어나지 않도록 기도하여라. **19** 그 날에 환난이 닥칠 것인데, 그런 환난은 하나님께서 세상을 창조하신 이래로 지금까지 없었고, 앞으로도 없을 것이다. **20** 주님께서 그 날들을 줄여 주지 않으셨다면, 구원받을 사람이 하나도 없을 것이다. 그러나 주님께서는, 주님이 뽑으신 선택받은 사람들을 위하여, 그 날들을 줄여 주셨다. **21** 그 때에 누가 너희에게 '보아라, 그리스도가 여기에 있다. 보아라, 그리스도가 저기에 있다' 하더라도, 믿지 말아라. **22** 거짓 그리스도들과 거짓 예언자들이 일어나, 표징들과 기적들을 행하여 보여서, 할 수만 있으면 선택 받은 사람들을 홀리려 할 것이다. **23** 그러므로 너희는 조심하여라. 내가 이 모든 일을 너희에게 미리 말하여 둔다." **24** "그러나 그 환난이 지난 뒤에, '그 날에는, 해가 어두워지고, 달이 빛을 내지 않고, **25** 별들이 하늘에서 떨어지고, 하늘의 세력들이 흔들릴 것이다.' **26** 그 때에 사람들이, 인자가 큰 권능과 영광에 싸여 구름을 타고 오는 것을 볼 것이다. **27** 그 때에 그는 천사들을 보내어, 땅 끝에서 하늘 끝까지, 사방에서 선택된 사람들을 모을 것이다." **28** "무화과나무에서 비유를 배워라. 그 가지가 연해지고 잎이 돋으면, 너희는 여름이 가까이 온 줄을 안다. <sup>29</sup> 이와 같이, 너희도 이런 일들이 일어나는 것을 보거든, 인자가 문 앞에 가까이 온 줄을 알아라. <sup>30</sup> 내가 진정으로 너희에게 말한다. 이 세대가 끝나기 전에, 이 모든 일이 다 일어날 것이다. <sup>31</sup> 하늘과 땅은 없어질지라도, 나의 말은 절대로 없어지지 않을 것이다." <sup>32</sup> "그러나 그 날과 그 때는 아무도 모른다. 하늘의 천사들도 모르고, 아들도 모르고, 오직 아버지만 아신다. <sup>33</sup> 조심하고, 깨어 있어라. 그 때가 언제인지를 너희가 모르기 때문이다. <sup>34</sup> 사정은 여행하는 어떤 사람의 경우와 같은데, 그가 집을 떠날 때에, 자기 종들에게 권한을 주어서, 각 사람에게 할 일을 맡기고, 문지기에게는 깨어 있으라고 명령한다. <sup>35</sup> 그러므로 깨어 있어라. 집주인이 언제 올는지, 저녁녘일지, 한밤중일지, 닭이 울 무렵일지, 이른 아침녘일지, 너희가 알지 못하기 때문이다. <sup>36</sup> 주인이 갑자기 와서 너희가 잠자고 있는 것을 보게 되는 일이 없도록 하여라. <sup>37</sup> 내가 너희에게 하는 말은 모든 사람에게 하는 말이다. 깨어 있어라."

# 웨슬리와 함께 읽기

1 마태복음 24장 1절; 누가복음 21장 5절.

4 여기에는 두 가지 질문이 나온다. 하나는 예루살렘의 파괴에 대한 것이고 다른 하나는 세상의 끝에 대한 질문이다.

9 누가복음 21장 12절.

10 마태복음 24장 14절.

11 성령께서 너희를 도우실 것이다. 그러니 다른 어떤 것에도 도움을 바라지 말라. 가장 가까운 사이라도 그 관계가 끊어질 것이다.

14 서지 못할 곳에 – 신성한 목적을 위해 따로 구별된 장소에. 마태복음 24장 15절; 누가복음 21장 20절; 다니엘 9장 27절.

19 비록 이 말씀이 아직 온전히 성취되지는 않았지만 바라건대 사람들이 이 말씀을 의심하지 않기를! 이러한 환난이 앞으로 훨씬 더 많이 찾아오지 않겠는가!

20 선택받은 사람들 – 그리스도인들. 주님이 뽑으신 – 즉, 성령의 거룩하게 하심을 통하여 그리고 진리를 믿음으로써 그분께서 세상으로부터 분리하여 뽑아내신. 그분께서 줄여주셨다 – 즉, 꼭 줄어들게 될 것이다.

21 마태복음 24장 23절.

24 그러나 그날에는 - 이 세상의 끝날 바로 전에 찾아올 날. 환난이 지난 뒤에 - 위에서 말한 환난들.

28 마태복음 24장 32절; 누가복음 21장 28절.

29 그분께서 가까이 오신다 - 인자께서.

30 이 모든 일 - 성전과 예루살렘에 대한 모든 일들.

32 그날 - 심판의 날은 종종 성경에서는 그날이라고 강조된다. 아들도 모르고 - 인간으로서의 아들로서는 모르고. 인간으로서 그분께서는 더는 전지하시거나 편재하여 계시지도 않는다.[32] 그러나 하나님으로서 그분은 이 모든 상황을 다 알고 계신다.

33 마태복음 24장 42절; 누가복음 21장 34절.

34 인자는 멀리 여행을 떠난 사람과 같다 - 이 세상을 이제 곧 떠나서 아버지께로 가시면서 그분께서는 자신의 모든 종이 각각의 자리에서 해야 할 사역들을 지정하신다. 이것은 우선은 심판의 날에 사역자들에게 대한 것처럼 보인다. 그러나 이것은 또한 모든 사람에게 적용되는 것이기도 하며, 죽음의 때에 일어날 일이기도 하다(마 25:14; 눅 19:12).

# 역자 해설

유대 지도자들의 도전을 모두 물리치신 예수님은 예루살렘성을 나와서 맞은편 겟세마네 언덕에서 예루살렘을 향해 심판을 선포하십니다. 돌 위에 돌 하나도 남지 않고 무너질 예루살렘(1-2절)의 운명은 비참하게도 주후 70년 티투스가 이끄는 로마 10군단에 짓밟힘으로써 실제로 이루어졌습니다. 마가복음 13장은 소위 '작은 묵시록'이라고 불리는 장입니다. 종말에 어떤 일이 일어날지 보여주는 글입니다. 제자들의 언제 종말이 오며, 그때 어떤 징조가 있느냐는 두 가지 질문에(4절) 예수님은 경고의 말씀으로 답하십니다. 첫 번째 조짐은 거짓 그리스도의 출현입니다(5절). 두 번째 조짐은 전쟁과 지진 그리고 기근 등의 재앙입니다(7-8절). 세 번째 조짐은 복음을 믿고 따른다는 이유로 받는 박해와 그로 인해 벌어지는 비극적 상황입니다(9-13절). 그러나 이런 일들은 그저 조짐일 뿐, 그 자체가 종말의 시간을 뜻하지는 않습니다(7b절).

14-23절에서는 경고의 말씀이 나오는데, 가증스러운 것이 서지 못할 곳에 서는 것, 그래서 빨리 도망쳐야 하는 환란의 상황(14-20절)이나 거짓 그리스도와 거짓 예언자들로 인한 혼란의 상황(21-23절)에 관한 말씀입니다. 이는 앞서 말씀하신 세 가지 징조를 다시 설명하고 경고하신 것일 뿐입니다. 복음이 모든 민족에게 전파되기 전에 이런 일들은 세계 곳곳에서 일어나겠지만, 그전에는 종말이 임하지 않습니다(10절).

그러나 종말의 순간이 오면 어떤 일이 벌어지는지 24-27절에서 예수님은 말씀하십니다. 그때가 되면 해와 달이 빛을 잃고, 별들이 떨어지며, 권세 잡은 악한 권세들이 흔들립니다. 그리고 예수님이 재림하시는데, 사람들이 자기 눈으로 그 광경을 보게 됩니다. 해와 달과 별에 관한 것이 자연 현상인지 아니면 세속 권력을 상징하는지 의견이 분분합니다만, 어쨌든 종말의 순간은 주님의 재림 시간입니다.

그렇다면 재림하시는 시간, 즉 종말이 언제 오는가에 대한 질문이 남는데, 예수님은 그 시각에 관해 아무도 모른다는 말씀을 하십니다(32절). "천사도 아들도 모르고 하나님만 아신다"는 이 구절 때문에 초대 교인들은 무척 당혹했습니다. 천사가 모르는 것까지는 이해되지만, 어떻게 예수님조차 그때를 모른다는 것이 도저히 이해가 안 되었습니다. 그래서 어떤 사본들은 "아들도 모르고"라는 구절을 성경에서 지워버리기도 했습니다. 다소 당혹스럽기는 하지만, 예수님의 말씀은 그때는 하나님만 아신다는 것입니다.

그런데 앞뒤 구절을 가만히 살펴보면 지금 예수님께서 하시고자하는 말씀의 초점이 다른 곳에 있음을 알 수 있습니다. 28-31절과 33-37절을 보면, 이 구절들이 강조하는 것은 그때가 "언제인가?"라는 것이 아니라, 그때가 언제일지 모르니 "깨어서 준비하라"라는 것임을 알수 있습니다. 그래서 거듭 "깨어 있으라"라는 표현이 나옵니다. 28-31절은 "그때가 임박했다"라는 것에 초점을 맞춥니다. 무화과나무 잎이 나면 여름이 온 것이듯이, 여러 징조는 그때가 언제인지 정확히 말해주지는 않지만 적어도 이제 그때가 가까웠다는 것은 말해줍니다. 따라서 예수님은 제자들에게 준비하고 있어야 한다는 점을 강조하십니다.

예수님이 이 땅에 오신 후로 이제 2,000년이 흘렀습니다. 이 시간은 참으로 긴 시간입니다. 초대 교인들은 예수님께서 자기들이 죽기 전에 다시 오실 것이라 믿었습니다(9:1). 하지만 복음의 1세대가 늙어서 죽자 그 후손들의 마음이 흔들리기 시작했습니다. 온다던 주님은 오시지 않아서 안 그래도 마음이 불안한데 밖으로는 주님을 믿는다고 온갖 박해를 당하고 있으니, 정말로 믿음을 끝까지 지킨다는 것이 무척 어려운 시절이었습니다. 마가복음이 기록되던 65~70년 사이의 시간이 바로 이런 시절이었습니다. 13장에 나오는 모든 어려움의 이야기는 사실 이당시 마가복음 신앙 공동체가 자신들의 현실 속에서 겪는 일이었습니다. 그들이 그럼에도 여전히 자신의 믿음을 지킬 수 있던 것은 주님께서 이제 곧 오실 것이라는 확신이었습니다.

이 일이 있은 지 이제 2,000년이 흘렀습니다. 요즘 신앙인들은 주님의 재림에 대한 소망을 여전히 품고 사는지 의문이 들 때가 많습니다. '2,000년 동안 안 오셨으니, 앞으로도 오실 가능성은 거의 없다'라고 생각하는 교인들이 어쩌면 매우 많을 것입니다. '주님이 오시는 것보다 내가 주님께 가는 것이 더 빠르겠다'라고 생각하며 재림보다는 내가 천국에 갈 준비에 더 집중하는 교인들이 많을 것입니다. 그들의 생각대로 우리 시대에 주님이 재림하지 않으실 수도 있습니다. 하지만 주님께서 하신 재림의 약속을 잊어서는 안 됩니다. 요즘 많이 느슨해진 재림에 관한 소망, 우리가 매 주일 예배 때 "산 자와 죽은 자를 심판하러 오시리라"라는 사도신경의 고백이 그저 말로만 하는 소리가 아니라, 우리가 늘 붙들어야 하는 신앙의 고백이 되어야겠습니다.

# 마가복음 14장

¹ 유월절과 무교절 이틀 전이었다. 그런데 대제사장들과 율법학자들은 '어떻게 속임수를 써서 예수를 붙잡아 죽일까' 하고 궁리하고 있었다. ² 그런데 그들은 "백성이 소동을 일으키면 안 되니, 명절에는 하지 말자" 하고 말하였다. ³ 예수께서 베다니에서 나병 환자였던 시몬의 집에 머무실 때에, 음식을 잡수시고 계시는데, 한 여자가 매우 값진 순수한 나드 향유 한 옥합을 가지고 와서, 그 옥합을 깨뜨리고, 향유를 예수의 머리에 부었다. ⁴ 그런데 몇몇 사람이 화를 내면서 자기들끼리 말하였다. "어찌하여 향유를 이렇게 허비하는가? ⁵ 이 향유는 삼백 데나리온 이상에 팔아서, 그 돈을 가난한 사람들에게 줄 수 있었겠다!" 그리고는 그 여자를 나무랐다. ⁶ 그러나 예수께서 말씀하셨다. "가만두어라. 왜 그를 괴롭히느냐? 그는 내게 아름다운 일을 했다. ⁷ 가난한 사람들은 늘 너희와 함께 있으니, 언제든지 너희가 하려고만 하면, 그들을 도울 수 있다. 그러나 나는 언제나 너희와 함께 있는 것이 아니다. ⁸ 이 여자는, 자기가 할 수 있는 일을 하였다. 곧 내 몸에 향유를 부어서, 내 장례를 위하여 할 일을 미리 한 셈이다. ⁹ 내가 진정으로 너희에게 말한다. 온 세상 어디든지, 복음이 전파되는 곳마다, 이 여자가 한 일도 전해져서, 사람들이 이 여자를 기억하게 될 것이다." ¹⁰ 열두 제자 가운데 하나인 가룟 유다가, 대제사장들에게 예수를 넘겨줄 마음을 품고, 그

들을 찾아갔다. **11** 그들은 유다의 말을 듣고서 기뻐하여, 그에게 은돈을 주기로 약속하였다. 그래서 유다는 예수를 넘겨줄 적당한 기회를 노리고 있었다. **12** 무교절 첫째 날에, 곧 유월절 양을 잡는 날에, 제자들이 예수께 말하였다. "우리가 가서, 선생님께서 유월절 음식을 드시게 준비하려 하는데, 어디에다 하기를 바라십니까?" **13** 예수께서 제자 두 사람을 보내시며 말씀하셨다. "성 안으로 들어가거라. 그러면 물동이를 메고 오는 사람을 만날 것이니, 그를 따라 가거라. **14** 그리고 그가 들어가는 집으로 가서, 그 집 주인에게 말하기를 '선생님께서 하시는 말씀이, 내가 내 제자들과 함께 유월절 음식을 먹을 내 사랑방이 어디에 있느냐고 하십니다' 하여라. **15** 그러면 그는 자리를 깔아서 준비한 큰 다락방을 너희에게 보여 줄 것이니, 거기에 우리를 위하여 준비를 하여라." **16** 제자들이 떠나서, 성 안으로 들어가서 보니, 예수께서 말씀하신 그대로였다. 그리하여, 그들은 유월절을 준비하였다. **17** 저녁때가 되어서, 예수께서는 열두 제자와 함께 가셨다. **18** 그들이 자리를 잡고 앉아서 먹고 있을 때에, 예수께서 말씀하셨다. "내가 진정으로 너희에게 말한다. 너희 가운데 한 사람, 곧 나와 함께 먹고 있는 사람이 나를 넘겨줄 것이다." **19** 그들은 근심에 싸여 "나는 아니지요?" 하고 예수께 말하기 시작하였다. **20** 예수께서 그들에게 말씀하셨다. "그는 열둘 가운데 하나로서, 나와 함께 같은 대접에 빵을 적시고 있는 사람이다. **21** 인자는 자기에 관하여 성경에 기록되어 있는 대로 떠나가지만, 인자를 넘겨주는 그 사람에게는 화가 있다. 그 사람은 차라리 태어나지 않았더라면 자기에게 좋았을 것이다." **22** 그들이 먹고 있을 때에, 예수께서 빵을 들어서 축복하신 다음에, 떼어서 그들에게 주시고 말씀하셨다. "받아라. 이것은 내 몸이다." **23** 또 잔을 들어서 감사를 드리신 다음에, 그들에게 주시니, 그들은 모두 그 잔을 마셨다. **24** 그리고 예수께서 말씀하셨다. "이것은 많은 사람을 위하여 흘리는 나의 피, 곧 언약의 피다. **25** 내가 진정으로 너희에게 말한다. 이제부터 내가 하나님의 나라에서 새

것을 마실 그 날까지, 나는 포도나무 열매로 빚은 것을 다시는 마시지 않을 것이다." ²⁶ 그들은 찬송을 부르고서, 올리브 산으로 갔다. ²⁷ 예수께서 제자들에게 말씀하셨다. "너희가 모두 걸려서 넘어질 것이다. 성경에 기록하기를 '내가 목자를 칠 것이니, 양 떼가 흩어질 것이다' 하였기 때문이다. ²⁸ 그러나 내가 살아난 뒤에, 너희보다 먼저 갈릴리로 갈 것이다." ²⁹ 베드로가 예수께 말하였다. "모두가 걸려 넘어질지라도, 나는 그렇지 않을 것입니다." ³⁰ 예수께서 그에게 말씀하셨다. "내가 진정으로 너에게 말한다. 오늘 밤에 닭이 두 번 울기 전에, 네가 세 번 나를 모른다고 할 것이다." ³¹ 그러나 베드로는 힘주어서 말하였다. "내가 선생님과 함께 죽는 한이 있을지라도, 절대로 선생님을 모른다고 하지 않겠습니다." 나머지 모두도 그렇게 말하였다. ³² 그들은 겟세마네라고 하는 곳에 이르렀다. 예수께서 제자들에게 말씀하시기를 "내가 기도하는 동안에, 너희는 여기에 앉아 있어라" 하시고, ³³ 베드로와 야고보와 요한을 데리고 가셨다. 예수께서는 매우 놀라며 괴로워하기 시작하셨다. ³⁴ 그래서 그들에게 말씀하셨다. "내 마음이 근심에 싸여 죽을 지경이다. 너희는 여기에 머물러서 깨어 있어라." ³⁵ 그리고서 조금 나아가서 땅에 엎드려 기도하시기를, 될 수만 있으면 이 시간이 자기에게서 비껴가게 해 달라고 하셨다. ³⁶ 예수께서는 이렇게 말씀하셨다. "아빠, 아버지, 아버지께서는 모든 일을 하실 수 있으시니, 내게서 이 잔을 거두어 주십시오. 그러나 내 뜻대로 하지 마시고, 아버지의 뜻대로 하여 주십시오." ³⁷ 그런 다음에 돌아와서 보시니, 제자들은 자고 있었다. 그래서 베드로에게 말씀하셨다. "시몬아, 자고 있느냐? 한 시간도 깨어 있을 수 없느냐? ³⁸ 너희는 유혹에 빠지지 않도록, 깨어서 기도하여라. 마음은 원하지만, 육신이 약하구나!" ³⁹ 예수께서 다시 떠나가서, 같은 말씀으로 기도하시고, ⁴⁰ 다시 와서 보시니, 그들은 자고 있었다. 그들은 졸려서 눈을 뜰 수 없었던 것이다. 그들은 예수께 무슨 말로 대답해야 할지를 몰랐다. ⁴¹ 예수께서 세 번째 와서, 그들에게 말씀하셨다.

"남은 시간을 자고 쉬어라. 그 정도면 넉넉하다. 때가 왔다. 보아라, 인자는 죄인들의 손에 넘어간다. <sup>42</sup> 일어나서 가자. 보아라, 나를 넘겨줄 자가 가까이 왔다." <sup>43</sup> 그런데 예수께서 아직 말씀하고 계실 때에, 열두 제자 가운데 하나인 유다가 곧 왔다. 대제사장들과 율법학자들과 장로들이 보낸 무리가 칼과 몽둥이를 들고 그와 함께 왔다. <sup>44</sup> 그런데, 예수를 넘겨줄 자가 그들에게 신호를 짜주기를 "내가 입을 맞추는 사람이 바로 그 사람이니, 그를 잡아서 단단히 끌고 가시오" 하고 말해 놓았다. <sup>45</sup> 유다가 와서, 예수께로 곧 다가가서 "랍비님!" 하고 말하고서, 입을 맞추었다. <sup>46</sup> 그러자 그들은 예수께 손을 대어 잡았다. <sup>47</sup> 그런데 곁에 서 있던 이들 가운데서 어느 한 사람이, 칼을 빼어 대제사장의 종을 내리쳐서, 그 귀를 잘라 버렸다. <sup>48</sup> 예수께서 그들에게 말씀하셨다. "너희는 강도에게 하듯이, 칼과 몽둥이를 들고 나를 잡으러 나왔느냐? <sup>49</sup> 내가 날마다 성전에 너희와 함께 있으면서 가르치고 있었건만 너희는 잡지 않았다. 그러나 이것은 성경 말씀을 이루려는 것이다." <sup>50</sup> 제자들은 모두 예수를 버리고 달아났다. <sup>51</sup> 그런데 어떤 젊은이가 맨몸에 홑이불을 두르고, 예수를 따라가고 있었다. 그들이 그를 잡으려고 하니, <sup>52</sup> 그는 홑이불을 버리고, 맨몸으로 달아났다. <sup>53</sup> 그들은 예수를 대제사장에게로 끌고 갔다. 그러자 대제사장들과 장로들과 율법학자들이 모두 모여들었다. <sup>54</sup> 베드로는 멀찍이 떨어져서, 예수를 뒤따라 대제사장의 집 안마당에까지 들어갔다. 그는 하인들과 함께 앉아 불을 쬐고 있었다. <sup>55</sup> 대제사장들과 온 의회가 예수를 사형에 처하려고, 그를 고소할 증거를 찾았으나, 찾아내지 못하였다. <sup>56</sup> 예수에게 불리하게 거짓으로 증언하는 사람이 많이 있었지만, 그들의 증언은 서로 들어맞지 않았다. <sup>57</sup> 더러는 일어나서, 그에게 불리하게, 거짓으로 증언하여 말하기를 <sup>58</sup> "우리가 이 사람이 말하는 것을 들었는데 '내가 사람의 손으로 지은 이 성전을 허물고, 손으로 짓지 않은 다른 성전을 사흘만에 세우겠다' 하였습니다." <sup>59</sup> 그러나 그들의 증언도 서로 들어맞지 않았다.

⁶⁰ 그래서 대제사장이 한가운데 일어서서, 예수께 물었다. "이 사람들이 그대에게 불리하게 증언하는데도, 아무 답변도 하지 않소?" ⁶¹ 그러나 예수께서는 입을 다무시고, 아무 대답도 하지 않으셨다. 대제사장이 예수께 물었다. "그대는 찬양을 받으실 분의 아들 그리스도요?" ⁶² 예수께서 말씀하셨다. "내가 바로 그이요. 당신들은 인자가 전능하신 분의 오른쪽에 앉아 있는 것과, 하늘의 구름을 타고 오는 것을 보게 될 것이오." ⁶³ 대제사장은 자기 옷을 찢고 말하였다. "이제 우리에게 무슨 증인들이 더 필요하겠소? ⁶⁴ 여러분은 이제 하나님을 모독하는 말을 들었소. 여러분의 생각은 어떠하오?" 그러자 그들은 모두, 예수는 사형을 받아야 마땅하다고 정죄하였다. ⁶⁵ 그들 가운데서 더러는, 달려들어 예수께 침을 뱉고, 얼굴을 가리고 주먹으로 치고 하면서 "알아 맞추어 보아라" 하고 놀려대기 시작하였다. 그리고 하인들은 예수를 손바닥으로 쳤다. ⁶⁶ 베드로가 안뜰 아래쪽에 있는데, 대제사장의 하녀 가운데 하나가 와서, ⁶⁷ 베드로가 불을 쬐고 있는 것을 보고, 그를 빤히 노려보고서 말하였다. "당신도 저 나사렛 사람 예수와 함께 다닌 사람이지요?" ⁶⁸ 그러나 베드로는 부인하여 말하였다. "네가 무슨 말을 하는지, 나는 알지도 못하고, 깨닫지도 못하겠다." 그리고 그는 바깥 뜰로 나갔다. ⁶⁹ 그 하녀가 그를 보고서, 그 곁에 서 있는 사람들에게 다시 말하였다. "이 사람은 그들과 한패입니다." ⁷⁰ 그러나 그는 다시 부인하였다. 조금 뒤에 곁에 서 있는 사람들이 다시 베드로에게 말하였다. "당신이 갈릴리 사람이니까 틀림없이 그들과 한패일 거요." ⁷¹ 그러나 베드로는 저주하고 맹세하여 말하였다. "나는 당신들이 말하는 그 사람을 알지 못하오." ⁷² 그러자 곧 닭이 두 번째 울었다. 그래서 베드로는 예수께서 자기에게 "닭이 두 번 울기 전에, 네가 나를 세 번 모른다고 할 것이다" 하신 그 말씀이 생각나서, 엎드려서 울었다.

# 웨슬리와 함께 읽기

1 마태복음 26장 1절; 누가복음 22장 1절.

3 마태복음 26장 6절.

4 **몇몇 사람이 화를 내면서** – 유다가 하는 말에 자극을 받아서. **말하였다** – 아마도 여인들에게 말했을 것이다.

10 **유다는 대제사장들에게 갔다** – 이 야단을 맞고 곧바로. 안 그래도 탐욕이 있었는데 거기에 분노까지 덧붙여졌다(마 26:14; 눅 22:3).

12 마태복음 26장 17절; 누가복음 22장 7절.

13 **도시로 들어가면 너희가 한 사람을 만날 것이다** – 우리 주님께서 자신이 모든 것을 다 알고 계시는 분이라는 것과 사람의 생각을 다스리시는 분이라는 것을 그들에게 추가로 이렇게 증명해주신 것은 아주 많이 시의적절한 것이었다.

15 **준비한** – 이 단어는 카펫을 깔아놓은 것을 의미한다.

17 마태복음 26장 20절; 누가복음 22장 14절.

24 **이것은 내 새로운 언약의 피이다** – 즉, 이것은 나를 믿는 자는 누구든지 이 모든 은혜의 약속을 받게 될 것이라는 새로운 언약을 세우기 위해서 흘리는 영원한 표징이자 내 피에 대한 기념으로 지정한 것이다.

25 즉, 내가 죽기 전에는 다시 마시지 않을 것이다. 내가 다음에 마시게 될 포도주는 이 땅의 포도주가 아니라 하늘의 포도주이다.

26 마태복음 26장 30절; 누가복음 22장 39절; 요한복음 18장 1절.

27 **오늘 밤에** – 유대인들은 모세의 계산 방식에 따라 하루가 저녁에 시작한다고 믿었다. 창세기 1장 5절에 따르면 "저녁이 되고 아침이 되니 첫째 날"이라고 하였으며, 따라서 그들의 하루 계산은 이런 방식을 따른다. 이에 따라 해가 저문 다음은 여기에서 오늘 밤이라고 지칭하는데(막 14:30), 이것은 오늘을 뜻한다. 이 표현은 특별히 중요하다. "내가 진실로 네게 이르노니, 네가, 그토록 확신하는 바로 너 자신이 오늘, 즉 24시간이 채 못 되어"라는 의미를 담고 있기 때문이다. 그렇다. 바로 오늘 밤에, 심지어 태양이 밝아오기도 전에, 아니 닭이 두 번 울기도 전에, 새벽 세 시가 채 되기도 전에 네가 나를 세 번 부인할 것이다. 우리 주님께서는 확실하고도 단호하게, 닭이 보통 우는 시간보다 앞서서 닭이 한 번 울리라는 것을 아시고 말씀하신다. 마가복음 13장 35절에 따르면 새벽 3시에 끝나는 밤 3시경은 일반적으로 닭이 우는 시간으로 나온다(슥 13:7).

32 마태복음 26장 36절.

33 **매우 놀라며 괴로워** – 원어의 의미에 따르면 이 단어는 가장 충격적으로 놀라는 것과 슬픔의 감정이 뒤섞인 것을 의미한다. 다음 절에서 이 단어는 매우 슬픈 개인적 감정을 가리키는데, 거기에서는 그분이 사면에 슬픔으로 둘러싸여 있는 모습, 그러한 폭력으로 인해 완전히 부서진 모습, 그래서 자신의 영혼과 육체가 분리될 지경에 이른 그런 상태를 가리킨다.

36 **아바, 아버지** – 성 마가는 아바라는 말의 뜻을 설명하는 차원에서 아

버지라는 말을 덧붙인 것 같다.[33]

**37 베드로에게 말씀하셨다** - 열정에 넘치고 확신에 가득 찼던 베드로에게.

**43** 마태복음 26장 47절; 누가복음 22장 47절; 요한복음 18장 2절.

**44 내가 입을 맞추는 사람** - 아마도 우리 주님께서는 겸손하셔서 자신의 제자들과 어느 정도 서로 떨어져 있던 후에는 (유대의 관습을 따라서) 제자들이 이런 행동을 하도록 허락하시곤 하셨을 것이다.

**47** 마태복음 26장 51절; 누가복음 22장 49절; 요한복음 18장 10절.

**51 젊은 사람** - 이 사람이 그리스도의 제자 가운데 한 사람인 것처럼 보이지 않는다. 아마도 이상한 소동 소리를 듣고 동산에서 그리 멀지 않은 곳에서 잠을 자다가 나왔던 사람일 것이다. 그래서 이 사람은 홑이불을 두르고 무슨 일이 벌어졌는지 보려고 달려 나왔을 것이다. **그들이 그를 잡으려고 하니** - 이 사람은 그리스도의 제자라고 의심을 받았다. 그러나 이 사람은 잡힐 뻔했으나 잡히지는 않았다.

**53** 마태복음 26장 57절; 누가복음 22장 54절; 요한복음 18장 12절.

**55 온 의회가 고소할 증거를 찾았으나 찾아내지 못하였다** - 그 사람들의 권한이 얼마나 큰지 생각해 볼 때 그리고 예수에게 중대한 범죄 혐의를 씌울 두 명의 일관된 증인에게 그들이 제안했던 보상이 얼마나 클 것인지 생각해 볼 때, 이 얼마나 놀라운 통치자 하나님의 섭리인가!(마 26:59)

**56 그들의 증거는 충분하지 않았다** - 헬라어 원어의 의미는 증언이 서로 들어맞지 않았다는 뜻이다. 즉, 주요 범죄 사항을 고소한 내용과 맞아떨어지지 않았다. 이 말은 59절에 나오는 말과 같은 단어이다.

**58 우리는 그가 말하는 것을 들었다** - 이 사람들이 그렇게 잘못 말하고

있는 것은 사실 예수께서 적어도 3년 전에 하셨던 말씀임을 알 수 있다(요 2:19). 그들은 고소할 거리를 찾기 위해서 그렇게 오래전 일까지 거슬러 올라가는데, 이것은 예수께서 자신의 공적 사역 전체 기간을 통해 행동하신 훌륭한 태도에 대해 영광스럽게 그러나 조용히 증거하는 것이었다.

61 마태복음 26장 63절; 누가복음 22장 67절.

66 마태복음 26장 69절; 누가복음 22장 56절; 요한복음 18장 25절.

72 그리고 그는 엎드려서 – 이러한 행동은 애통한 마음을 표현하는 흔한 방식이었으며, 슬픔과 동시에 부끄러움을 표현하는 적절한 방식이었다.

14장은 예수님께서 잡히시기 전에 있었던 이야기와 겟세마네 동산에서 있었던 이야기 그리고 잡히신 후에 유대 지도자들의 의회에 끌려가신 이야기와 그사이에 삽입된 베드로의 이야기로 이루어져 있습니다. 이 장에서는 유대인들이 자주 사용하는 틀에 끼워 넣는 이야기 방식이 눈에 띕니다. 1) 1-2절에는 유대 지도자들이 예수님을 제거하려고 음모를 꾸미는 이야기가 있습니다. 2) 3-9절은 베다니 여인의 이야기입니다. 3) 10-11절은 가룟 유다가 예수님을 넘기려고 대제사장들과 공모합니다. 베다니 여인은 예수님의 죽음을 위해 한국 돈으로 수천만 원에 이르는 비싼 향유를 아낌없이 예수님 머리에 쏟아붓습니다. 하지만 가룟 유다는 은돈 몇 냥에 예수님을 팔아넘깁니다.

베다니 여인 앞뒤에 놓인 이야기들은 권력을 쥔 남성들이 예수님을 죽이려는 음모를 말합니다. 그러나 이와 대조적으로 가운데 놓인 이야기는 비난을 받는 베다니의 이름 없는 한 여인이 모든 것을 희생하여 예수님을 섬기는 이야기를 전합니다. 기름은 왕, 예언자, 제사장, 메시아(기름 부음 받은 자)에게 붓습니다(왕상 19:16; 출 40:15; 슥 4:14). 여인이 향유를 머리에 붓는 것은 '기름을 붓는 행동'(christening), 즉 예수님의 즉위식을 상징합니다. 어떤 이들은 예수님을 죽이려 하지만, 보잘것없는 한 여인의 손에 예수님은 왕적, 예언자적, 제사장적 메시아로 등극하십니다. 그런데 예수님은 이것을 '장례식'으로 말씀하십니다(8절). 즉, 참된 메시아는 정복과 승리가 아닌 사랑과 희생의 메시아임을 말씀하십니다(10:42-45).

이런 메시아의 모습은 이어지는 유월절 식사 이야기에서 엿볼 수 있습니다. 제자들과 나누는 유월절 식사는 양고기와 무교병과 쓴 나물 대신에 빵과 포도주로 대체됩니다. 예수님은 친히 자신이 유월절 희생양이 되어 사람들을 위해 자신의 목숨을 내어주십니다. 가룟 유다를 포함해서 그 자리에 모인 '모든' 제자가 그 빵과 포도주를 나눠 먹습니다(23절). 예수님의 희생은 자신을 돈 몇 푼에 팔아넘긴 배신자나 자기를 저주하면서(71절) 부인하는 제자, 자기를 버리고 도망갈 모든 제자를(27-31, 50절) 포함한 모두를 위한 희생입니다.

예수님에게도 이런 희생이 기쁘고 즐거운 일은 아니었습니다. 이 일은 정말 회피하고 싶은 두렵고 괴로운 일이었습니다(33, 35절). 그러나 예수님은 이 모든 유혹을 떨쳐버리고 사람의 일보다 하나님의 뜻을 생각하셨습니다(8:33; 14:36). 제자들은 예수님과 늘 함께 있도록 부르심을 받았지만(3:14), 그들은 고작 졸음 하나 때문에 그 중요한 시간에 예수님 곁에 있지 못합니다(34, 37, 40절). 마침내 일이 벌어지자 그들은 모두 예수님을 버리고 줄행랑칩니다(50절). 예수님을 따르다가 겁에 질려서 옷까지 벗어 던지고 알몸으로 도망친 한 청년(51-52절)은 이 제자들의 부끄러운 모습을 상징적으로 보여줍니다.

체포당하신 후에 예수님은 당당하게 재판에 임하십니다. 그런데 재판정에서 일어난 예수님 이야기 앞뒤에 각각 베드로의 이야기가 감싸고 있습니다. 그 베드로의 모습은 초라하기 그지없습니다. 마가는 그의 초라하고 궁색하고 비겁한 모습을 "멀찍이서 따라간다"(54절), "불을 쬔다"(67절)라는 표현으로 보여줍니다. 베드로는 겁에 질려 멀찍이 떨어져서 눈치를 보며 졸졸 따라다니고, 무엇이 그리 떨리는지 하인들 틈에서 궁색하게 불을 쬡니다(54절). 게다가 베드로를 발견한 사람은 하녀였습니다. 그 어린 여종은 베드로를 "빤히 노려보는데"(67절) 베드로는 거짓말을 하면서 바깥으로 달아납니다(68절). 한때 예수님 곁에서 '안에' 속한 사람이었건만(4:11. cf. 3:31) 이제 베드로는 바깥으로 나갑니다.[34]

예수님의 예언대로 제자들은 모두 달아나서(50절) 마가복음이 다 끝나도록 다시 등장하지 않습니다.[35] 그나마 남은 한 사람이 베드로이지만, 그가 남아서 하는 것이라고는 예수님을 부인하고 욕하고 저주하고 맹세하면서 모른다고 잡아떼는 것일 뿐입니다(71절).

예수님이 걸으시는 마지막 길은 참으로 외롭습니다. 좋다고 따라다니던 제자들은 자신을 팔아넘기고, 제 목숨 건지려고 도망가고, 저주하고 욕하면서 부인합니다. 좋을 때는 함께 있었지만, 정작 예수님이 어려울 때 그 누구도 그 곁에 있지 않습니다. 사람은 이렇듯 참 간사하고 이기적입니다. 그런데 예수님은 이들이 이렇게 할 줄 다 알고 계셨으면서도 여전히 그들을 위한 희생과 섬김의 길을 묵묵히 걸어가십니다. 이것이 우리를 향하신 예수 그리스도의 사랑입니다.

# 마가복음 15장

¹ 새벽에 곧 대제사장들이 장로들과 율법학자들과 더불어 회의를 열었는데 그 것은 전체 의회였다. 그들은 예수를 결박하고 끌고 가서, 빌라도에게 넘겨주었 다. ² 그래서 빌라도가 예수께 물었다. "당신이 유대인의 왕이오?" 그러자 예수 께서 빌라도에게 대답하셨다. "당신이 그렇게 말하였소." ³ 대제사장들은 여러 가지로 예수를 고발하였다. ⁴ 빌라도는 다시 예수께 물었다. "당신은 아무 답변 도 하지 않소? 사람들이 얼마나 여러 가지로 당신을 고발하는지 보시오." ⁵ 그 러나 예수께서는 더 이상 아무 대답도 하지 않으셨다. 그래서 빌라도는 이상하 게 여겼다. ⁶ 그런데 빌라도는 명절 때마다 사람들이 요구하는 죄수 하나를 놓 아 주곤 하였다. ⁷ 그런데 폭동 때에 살인을 한 폭도들과 함께 바라바라고 하는 사람이 갇혀 있었다. ⁸ 그래서 무리가 올라가서, 자기들에게 해주던 관례대로 해 달라고, 빌라도에게 청하였다. ⁹ 빌라도가 말하였다. "여러분은 내가 그 유대 인의 왕을 여러분에게 놓아주기를 바라는 거요?" ¹⁰ 그는 대제사장들이 예수를 시기하여 넘겨주었음을 알았던 것이다. ¹¹ 그러나 대제사장들은 무리를 선동하 여, 차라리 바라바를 놓아 달라고 청하게 하였다. ¹² 빌라도는 다시 그들에게 말 하였다. "그러면, 당신들은 유대인의 왕이라고 하는 그 사람을 나더러 어떻게 하라는 거요?" ¹³ 그들이 다시 소리를 질렀다. "십자가에 못박으시오!" ¹⁴ 빌라도

가 그들에게 말하였다. "정말 이 사람이 무슨 나쁜 일을 하였소?" 그들은 더욱 크게 소리를 질렀다. "십자가에 못박으시오!" **15** 그리하여 빌라도는 무리를 만족 시켜 주려고, 바라바는 놓아주고, 예수는 채찍질한 다음에 십자가에 처형당하 게 넘겨주었다. **16** 병사들이 예수를 뜰 안으로 끌고 갔다. 그 곳은 총독 공관이 었다. 그들은 온 부대를 집합시켰다. **17** 그런 다음에 그들은 예수께 자색 옷을 입히고, 가시관을 엮어서 머리에 씌운 뒤에, **18** "유대인의 왕 만세!" 하면서, 저 마다 인사하였다. **19** 또 갈대로 예수의 머리를 치고, 침을 뱉고, 무릎을 꿇어서 그에게 경배하였다. **20** 이렇게 예수를 희롱한 다음에, 그들은 자색 옷을 벗기고, 그의 옷을 도로 입혔다. 그런 다음에, 그들은 예수를 십자가에 못박으려고 끌 고 나갔다. **21** 그런데 어떤 사람이 시골에서 오는 길에, 그 곳을 지나가고 있었 다. 그는 알렉산더와 루포의 아버지로서, 구레네 사람 시몬이었다. 그들은 그에 게 강제로 예수의 십자가를 지고 가게 하였다. **22** 그들은 예수를 골고다라는 곳 으로 데리고 갔다. (골고다는 번역하면 '해골 곳'이다.) **23** 그들은 몰약을 탄 포도주를 예수 께 드렸다. 그러나 예수께서는 받지 않으셨다. **24** 그들은 예수를 십자가에 못박 고, 예수의 옷을 나누어 가졌는데, 제비를 뽑아서, 누가 무엇을 차지할지를 결 정하였다. **25** 예수를 십자가에 못박은 때는, 아침 아홉 시였다. **26** 그의 죄패에는 '유대인의 왕'이라고 적혀 있었다. **27** 그들은 예수와 함께 강도 두 사람을 십자 가에 못박았는데, 하나는 그의 오른쪽에, 하나는 그의 왼쪽에 달았다. (28절 없음) **29** 지나가는 사람들이 머리를 흔들면서, 예수를 모욕하며 말하였다. "아하! 성전 을 허물고 사흘만에 짓겠다던 사람아, **30** 자기나 구원하여 십자가에서 내려오 려무나!" **31** 대제사장들도 율법학자들과 함께 그렇게 조롱하면서 말하였다. "그 가, 남은 구원하였으나, 자기는 구원하지 못하는구나! **32** 이스라엘의 왕 그리스 도는 지금 십자가에서 내려와 봐라. 그래서 우리로 하여금 보고 믿게 하여라!" 예수와 함께 십자가에 달린 두 사람도 그를 욕하였다. **33** 낮 열두 시가 되었을 때에, 어둠이 온 땅을 덮어서, 오후 세 시까지 계속되었다. <sup>34</sup> 세 시에 예수께서 큰소리로 부르짖으셨다. "엘로이 엘로이 레마 사박다니?" 그것은 번역하면 "나의 하나님, 나의 하나님, 어찌하여 나를 버리셨습니까?" 하는 뜻이다. <sup>35</sup> 거기에 서 있는 사람들 가운데서 몇이, 이 말을 듣고서 말하였다. "보시오, 그가 엘리야를 부르고 있소." <sup>36</sup> 어떤 사람이 달려가서, 해면을 신 포도주에 푹 적셔서 갈대에 꿰어, 그에게 마시게 하며 말하였다. "어디 엘리야가 와서, 그를 내려 주나 두고 봅시다." <sup>37</sup> 예수께서는 큰 소리를 지르시고서 숨지셨다. <sup>38</sup> (그 때에 성전 휘장이 위에서 아래까지 두 폭으로 찢어졌다.) <sup>39</sup> 예수를 마주 보고 서 있는 백부장이, 예수께서 이와 같이 숨을 거두시는 것을 보고서 말하였다. "참으로 이분은 하나님의 아들이셨다." <sup>40</sup> 여자들도 멀찍이서 지켜 보고 있었는데, 그들 가운데는 막달라 출신 마리아도 있고 작은 야고보와 요세의 어머니 마리아도 있고 살로메도 있었다. <sup>41</sup> 이들은 예수가 갈릴리에 계실 때에, 예수를 따라다니며 섬기던 여자들이었다. 그 밖에도 예수와 함께 예루살렘에 올라온 여자들이 많이 있었다. <sup>42</sup> 이미 날이 저물었는데, 그 날은 준비일, 곧 안식일 전날이었다. 아리마대 사람인 요셉이 왔다. <sup>43</sup> 그는 명망 있는 의회 의원이고, 하나님의 나라를 기다리는 사람인데, 이 사람이 대담하게 빌라도에게 가서, 예수의 시신을 내어 달라고 청하였다. <sup>44</sup> 빌라도는 예수가 벌써 죽었을까 하고 의아하게 생각하여, 백부장을 불러서, 예수가 죽은 지 오래되었는지를 물어 보았다. <sup>45</sup> 빌라도는 백부장에게 알아보고 나서, 시신을 요셉에게 내어주었다. <sup>46</sup> 요셉은 삼베를 사 가지고 와서, 예수의 시신을 내려다가 그 삼베로 싸서, 바위를 깎아서 만든 무덤에 그를 모시고, 무덤 어귀에 돌을 굴려 막아 놓았다. <sup>47</sup> 막달라 마리아와 요세의 어머니 마리아는, 어디에 예수의 시신이 안장되는지를 지켜 보고 있었다.

# 웨슬리와 함께 읽기

1 마태복음 27장 1-2절; 누가복음 22장 66절; 누가복음 23장 1절; 요한복음 18장 28절.

3 마태복음 27장 12절.

7 폭동 - 이것은 로마 정부, 특히 빌라도가 특별히 신경을 쓰고 처벌했던 범죄였다.

9 내가 그 유대인의 왕을 여러분에게 놓아주기를 바라는 거요 - 이것은 이 사악한 사람이 보기에도 가장 정의롭지 못하고 비겁하며 상식적으로도 이해하기 어려운 말이었다. 그러나 이 불쌍한 겁쟁이는 군중이 외치는 소리 때문에 정의를 포기하였다. 그리고 그는 군중을 진정시키려고 했지만, 유대인의 왕이라고 하는 표현을 시의적절하지 못하게 말함으로써 도리어 그들의 화를 돋우었다. 그가 말한 이 표현은 그들에게 상당히 거슬리는 소리였는데, 그는 그것을 알지 못했다.

16 브라이도리온 - 이곳은 안뜰을 가리키는 말인데, 여기에서 로마의 집정관이 판결을 했다. 그러나 성 요한은 이 표현을 궁정 전체를 지칭하는 데 사용한다(마 27:27; 요 19:2).

17 자색 - 왕족이 입는 옷은 보통 자주색이나 진홍색이었는데. 성 마가

와 요한은 이것을 자주색 옷이라고 부르지만, 성 마태는 진홍색이라고 부른다. 두로(Tyrian) 지역에서 생산되는 자색은 진홍색과 그다지 크게 다르지는 않았다고 한다.

20 마태복음 27장 31절; 요한복음 19장 16절.

21 **알렉산더와 루포의 아버지** – 이 두 사람은 후에 중요한 그리스도인이 되었고, 성 마가가 이 복음서를 쓸 당시에 이미 널리 알려진 사람들이었다.

22 마태복음 27장 33절; 누가복음 23장 33절; 요한복음 19장 17절.

24,25 성 마가는 그들이 먼저 그분을 십자가에 못을 박고 그 후에 그의 옷을 나눠 가졌으며, 그다음에 십자가를 일으켜 세운 것처럼 말하는 것 같다.

25 마가복음 15장 24절 주석을 보라.

28 이사야 53장 12절.

29 마태복음 27장 39절.

33 마태복음 27장 45절; 누가복음 23장 44절.

34 **나의 하나님, 나의 하나님, 어찌하여 나를 버리셨습니까** – 여기에서 하나님을 자기의 하나님이라고 부르신다. 그분께서는 우리의 죄를 짊어지셨는데 그 아버지께서는 도리어 그분을 원수 취급하시면서 사랑의 표를 거두어 가셨으며, 예수께서는 이러한 것을 한탄하신다.

37 마태복음 27장 50절; 누가복음 23장 46절; 요한복음 19장 30절.

41 **그분을 섬기던** – 그분께 필요한 것들을 공급하던.

42 **안식일 전날이었으므로** – 안식일에는 시체를 십자가 위에 매달아 놓을 수 없었다. 따라서 그들은 서둘러서 시체를 끌어내렸다.

43 **명망 있는** – 성품도 좋고 명성도 자자한. **의원** – 산헤드린의 구성원.

**하나님 나라를 기다리는 사람** - 그 나라가 이 땅에 이루어지기를 고대하는 사람(마 27:57; 눅 23:50; 요 19:38).

**46 그는 돌을 굴렸다** - 하인들을 시켜서. 그가 혼자 직접 굴리기에는 그 돌은 너무나 컸다.

## 역자 해설

　이제 예수님은 빌라도에게 끌려가서 심문을 당합니다. 빌라도는 지금 벌어지고 있는 소동이 무엇 때문인지 알고 있습니다(10절). 그래서 그는 예수님이 억울하게 죽임을 당할 처지에 놓인 것으로 생각하여 예수님을 풀어주려 합니다. 그래서 그는 명절 특별 사면권을 사용할 생각을 내보였습니다(6-9절). 그러나 지금 유대인들의 생각은 빌라도와 전혀 다릅니다. 그들은 예수님을 죽이라고 소리 지릅니다. 그래서 빌라도는 이 사람이 무엇을 잘못했다고 그러느냐고 항변해봅니다(14절). 그러나 유대인들은 막무가내입니다. 그래서 결국 빌라도는 그들의 요구대로 예수님을 넘겨줍니다(15절).

　앞서 마가는 밭의 비유에서 여러 모양의 밭을 소개한 적이 있습니다(4:13-20). 빌라도는 어떤 사람일까요? 아마 그는 염려와 유혹과 욕심으로 열매를 산출하지 못하는 가시덤불 밭과 같은 사람일 것입니다. 그는 예수님이 아무 잘못도 없는 분이라는 것을 잘 알고 있고, 그래서 놓아주려고 합니다. 그러나 그는 유대인들을 두려워합니다. 유월절은 유대인들이 예루살렘으로 모여드는 절기입니다. 유월절은 이스라엘이 이집트에서 종살이하다가 해방되어 자유를 찾아 나갔던 일을 기념하는 축제입니다. 따라서 유월절은 로마 당국이 매우 긴장하는 절기였습니다. 명절의 내용도 그러려니와, 무엇보다도 사람들이 많이 모이는 시기이니 아무래도 폭동이나 민란이 일어나기 쉬운 상황이었습니다. 그래서 평소에 가이사랴에 가 있던 총독도 이때는 예루살렘으로 올라옵니다. 빌라도는 왜 민중들의 외침에 굴복했을까요? 그는 예수라는 죄수 하나 때문에 괜한 소동이 일어나는 것을 달가워하지 않았을 것입니다. 그는 자신의 총독 자리를 안전하게 지키고 싶어 했고, 옳은 것보다는 자신의 안위와 욕심을 선택했습니다.

민중은 어떠했을까요? 그들은 예수님이 예루살렘에 입성하실 때 이제 이스라엘 국가가 그 찬란했던 다윗 시절의 영광을 되찾을 수 있을 것이라 기대했습니다(11:10). 그러나 예수님의 열두 제자가 그랬듯이, 이들도 자신들의 예상이 빗나갔음을 깨달았습니다. 그들은 예수님이 놀라운 기적이나 다른 무엇이라도 하셔서 큰일을 일으켜주시기를 기대했지만, 예수님은 무기력하게 잡혀서 십자가의 길을 선택하셨습니다. 그들이 예수님을 따라다닌 이유는 무엇 때문이었을까요? 지금까지 예수님을 환호하며 추종했지만, 자신들의 이해관계가 맞아떨어지지 않자 결국 예수님을 미련 없이 버리고 바라바를 선택합니다.

십자가에 달리신 예수님은 모두에게 버림받아 홀로 외로운 싸움을 하고 계십니다. 가룟 유다는 배반하여 예수님을 팔아넘겼고, 나머지 제자들도 모두 달아났습니다. 베드로는 따라왔지만 그도 예수님을 저주하면서 모른다고 잡아떼고 달아나버렸습니다. 환호하던 민중도 바라바를 선택하고 예수님을 버렸습니다. 빌라도도 자신의 안위를 위해 예수님을 버렸습니다. 그러나 무엇보다 예수님을 괴롭게 했던 것은 자신이 하나님으로부터 버림받았다는 사실이었습니다. 낮 열두 시부터 세 시간 동안 어둠이 온 땅을 덮습니다(33절). 하늘에 계신 하나님도 외면하신 것입니다. 그래서 예수님은 고독하게 외칩니다. "나의 하나님, 나의 하나님, 어찌하여 나를 버리셨습니까?"(34절) 그리고 결국 예수님은 그렇게

숨을 거두셨습니다.

모든 이로부터 철저히 버림받고 외면당하신 예수님의 죽음. 그러나 그 죽음의 순간 사람과 하나님 사이를 가로막았던 성전의 휘장이 찢어집니다(38절). 그리고 그의 죽음 덕분에 우리는 담대하게 휘장을 지나 하나님 앞으로 나아갈 수 있게 되었습니다(히 10:19-20). 예수님의 죽음은 철저하게 조롱받고(16-20, 27-32, 35-36절) 외면당한 실패로 보였습니다. 그러나 이 모든 것이 완성된 순간 휘장이 갈라지며 새로운 길이 열렸습니다. 그 누구도 예상하지 못했던 순간이었습니다. 그리고 그 모습을 십자가 아래서 예수님의 처형을 집행하던 이방인 백부장이 고백합니다. "참으로 이분은 하나님의 아들이셨다"(39절).

마가복음에는 예수님이 하나님의 아들이심을 언급하는 곳이 몇 군데 있습니다. 마가복음 첫머리에서 마가 자신이 고백하고(1:1), 세례받으실 때와 변화산에서 하나님이 직접 선언하십니다(1:11; 9:7). 영적 존재인 귀신이 고백하고(1:24; 3:11; 5:7), 베드로가 예수님을 그리스도로 고백하기도 합니다(8:29). 그러나 귀신의 고백은 그저 지식일 뿐, 참된 신앙의 고백은 아닙니다. 베드로의 고백 또한 온전하지 못한 고백으로, 그 고백이 끝나자마자 그는 예수님으로부터 사탄이라는 말을 듣습니다(8:33). 웨슬리의 지적처럼 이들의 고백은 참된 믿음의 고백, 구원에 이르는 고백이 아닙니다(『표준설교』 1.1.2-3). 마가는 십자가 아래서 나온 이 백부장의 고백을 참된 고백으로 제시합니다. 모두가 예수님을 따라다니고 환호하고 믿는다고 고백하지만, 그들의 고백은 화려하고 멋지고 힘 있고 능력 있는 모습에 기초한 고백입니다. 그러나 이런 믿음은 참된 믿음이 아닙니다. 십자가의 죽음과 희생, 섬김과 자기 부인. 예수님께서 보이신 이 모범을 보고 그것에 근거한 고백이 참된 고백이요 믿음입니다. 예수님을 향한

우리의 믿음의 고백은 무엇에 근거한 고백인지 되새겨볼 필요가 있습
니다.

# 마가복음 16장

¹ 안식일이 지났을 때에, 막달라 마리아와 야고보의 어머니 마리아와 살로메는 가서 예수께 발라 드리려고 향료를 샀다. ² 그래서 이레의 첫날 새벽, 해가 막 돋은 때에, 무덤으로 갔다. ³ 그들은 "누가 우리를 위하여 그 돌을 무덤 어귀에서 굴려내 주겠는가?" 하고 서로 말하였다. ⁴ 그런데 눈을 들어서 보니, 그 돌덩이는 이미 굴려져 있었다. 그 돌은 엄청나게 컸다. ⁵ 그 여자들은 무덤 안으로 들어가서, 웬 젊은 남자가 흰 옷을 입고 오른쪽에 앉아 있는 것을 보고 몹시 놀랐다. ⁶ 그가 여자들에게 말하였다. "놀라지 마시오. 그대들은 십자가에 못박히신 나사렛 사람 예수를 찾고 있지만, 그는 살아나셨소. 그는 여기에 계시지 않소. 보시오, 그를 안장했던 곳이오. ⁷ 그러니 그대들은 가서, 그의 제자들과 베드로에게 말하기를 그는 그들보다 먼저 갈릴리로 가실 것이니, 그가 그들에게 말씀하신 대로, 그들은 거기에서 그를 볼 것이라고 하시오." ⁸ 그들은 뛰쳐 나와서, 무덤에서 도망하였다. 그들은 벌벌 떨며 넋을 잃었던 것이다. 그들은 무서워서, 아무에게도 아무 말도 못하였다. ⁹ 예수께서 이레의 첫날 새벽에 살아나신 뒤에, 맨 처음으로 막달라 마리아에게 나타나셨다. 마리아는 예수께서 일곱 귀신을 쫓아내 주신 여자이다. ¹⁰ 마리아는 예수와 함께 지내던 사람들이 슬퍼하며 울고 있는 곳으로 가서, 그들에게 이 소식을 전하였다. ¹¹ 그러나 그들은,

예수가 살아 계시다는 것과, 마리아가 예수를 목격했다는 말을 듣고서도, 믿지 않았다. <sup>12</sup> 그 뒤에 그들 가운데 두 사람이 걸어서 시골로 내려가는데, 예수께서는 다른 모습으로 그들에게 나타나셨다. <sup>13</sup> 그들은 다른 제자들에게 되돌아가서 알렸으나, 제자들은 그들의 말도 믿지 않았다. <sup>14</sup> 그 뒤에 열한 제자가 음식을 먹을 때에, 예수께서는 그들에게 나타나셔서, 그들이 믿음이 없고 마음이 무딘 것을 꾸짖으셨다. 그들이, 자기가 살아난 것을 본 사람들의 말을 믿지 않았기 때문이다. <sup>15</sup> 또 예수께서 그들에게 말씀하셨다. "너희는 온 세상에 나가서, 만민에게 복음을 전파하여라. <sup>16</sup> 믿고 세례를 받는 사람은 구원을 얻을 것이요, 믿지 않는 사람은 정죄를 받을 것이다. <sup>17</sup> 믿는 사람들에게는 이런 표징들이 따를 터인데, 곧 그들은 내 이름으로 귀신을 쫓아내며, 새 방언으로 말하며, <sup>18</sup> 손으로 뱀을 집어들며, 독약을 마실지라도 절대로 해를 입지 않으며, 아픈 사람들에게 손을 얹으면 나을 것이다." <sup>19</sup> 주 예수께서 그들에게 말씀하신 뒤에, 하늘로 들려 올라가셔서, 하나님의 오른쪽에 앉으셨다. <sup>20</sup> 그들은 나가서, 곳곳에서 복음을 전파하였다. 주님께서 그들과 함께 일하시고, 여러 가지 표징이 따르게 하셔서, 말씀을 확증하여 주셨다.

# 웨슬리와 함께 읽기

1 마태복음 28장 1절; 누가복음 24장 1절; 요한복음 20장 1절.

2 해가 막 돋은 때에 – 그들은 아직 어둑할 때 길을 떠났다. 그리고 무덤이 그들의 눈에 막 띄기 시작했을 때는 돌이 굴려진 것을 분간해서 볼 수 있을 정도만 밝아졌다(마 28:1; 눅 24:1; 요 20:1). 그러나 마리아가 베드로와 요한을 불렀을 때 그리고 그들이 무덤을 보았을 때 태양은 이미 떠올랐다.

3 누가 우리를 위하여 그 돌을 무덤 어귀에서 굴려내 주겠는가 – 그들이 생각하기에 유일한 어려움은 바로 이것이었다. 그들은 빌라도가 돌을 봉인하고 보초들을 거기에 배치했던 것에 대해 아무것도 몰랐다.

7 그리고 베드로에게 – 비록 그가 종종 자기 주님을 배반하기는 했지만. 이 얼마나 좋은 일인가!

9 요한복음 20장 11절.

10 누가복음 24장 9절; 요한복음 20장 18절.

12 누가복음 24장 13절.

13 그들은 그들의 말도 믿지 않았다 – 그들은 이들의 증거에 성 베드로가 증거를 덧붙였을 때 비로소 조금 마음의 변화를 일으켰다(눅 24:34). 그

런데도 그들이 완전히 믿은 것은 아니었다.

14 누가복음 24장 36절; 요한복음 20장 19절.

15 온 세상에 나가서, 만민에게 복음을 전파하여라 – 우리의 주님께서는 어떠한 한계나 제한을 두지 않고 말씀하신다. 따라서 만약에 모든 시대의 모든 사람이 복음을 듣지 못했다면, 그 복음을 전파해야만 했을 사람들이나 그 복음을 들었어야만 했을 사람 중에 어느 쪽이, 그 두 편 모두가 하나님께서 명하신 이 말씀을 헛되게 만드는 셈이 된다(마 28:19).

16 세례를 받는 – 믿는다는 증거로서. 모든 믿는 사람들은 세례를 받았다. 그러나 믿지 않는 사람은 – 세례를 받았든지 안 받았든지 상관없이 영원히 멸망할 것이다.[36]

17 믿는 사람들에게는 이런 표징들이 따를 터인데 – 어떤 유명한 저술가는 다음과 같이 덧붙인다. "앞 절에서 언급했던 바로 그 믿음으로 믿는 사람들에게는"(비록 사람이 믿음이 없이도 기적을 일으킬 수 있다는 점은 분명하지만, 마 7:22-23). "여기에서 말하는 믿음은 성 바울이 구원을 받을 수 있게 되었던 그 믿음을 가리키는 것이 아니라 그가 기적을 일으킬 수 있도록 했던 다른 믿음을 가리키는 것이다. 심지어 오늘날에도 모든 신자 가운데서 믿음은 잠재적인 기적의 능력을 지니고 있다(기도의 결과로 빚어지는 모든 것들은 사실 기적적인 것들이다). 비록 많은 사람이 믿음이 적기 때문에 혹은 이 세상이 그 기적을 받기에 합당하지 않기 때문에 놀라운 일이 이루어지지 않는 것이다.[37] 기적은 애초에 믿음을 굳게 하는 데 도움이 되었던 것이었다. 오늘날에 기적은 믿음의 목적이다. 우리의 조상들을 기념하기 위해 모였던 레온베르그(Leonberg)에서 학장이 바로 이 성경 구절을 가지고 설교를 하고 있었는데, 어떤 목발을 짚고 거의 걷지 못하던 장애인이 순식간에 고침을 받았다." 따를 것인데 – 먼저 말씀과 믿음이 선행되어야

한다. 내 이름으로 – 그들에게 위임된 내 권위로. 죽은 자를 일으키는 것은 언급되어 있지 않다. 우리 주님께서는 자신이 약속하신 것보다 더 많은 일을 하신다.

18 독약을 마실지라도 – 그러나 이들은 자기가 자발적으로 나서서 하지는 않는다. 하나님께서도 우리에게 이러한 실험을 하라고 요구하지는 않으신다.

19 주님 – 그분을 가리켜 이렇게 부르는 것이 얼마나 적절한 것인가! 그분께서 그들에게 말씀하신 후에 – 사십 일 동안(눅 24:50).

20 그들이 곳곳에서 복음을 전파하였다 – 성 마가가 이 복음서를 쓰던 당시에 사도들은 이미 잘 알려진 세상으로 갔다(롬 10:18). 그리고 그들은 모두 자기가 복음을 전파하던 곳에서 유명한 사람들이 되었다. 오직 그리스도의 이름만이 세상 곳곳에서 잘 알려지게 되었다.

# 역자 해설

　예수님께서 무덤에 묻히고 안식일이 지나 일주일의 첫날 새벽이 되었습니다. 막달라 마리아와 야고보의 어머니 마리아와 살로메는 예수님의 시신에 바를 향유를 준비해서 무덤을 찾아갑니다. 그러나 그들은 무덤을 막아놓은 큰 돌이 치워져 있고 무덤 안은 비어있는 광경을 봅니다. 그리고 한 청년이 그들에게 말합니다. 예수님은 살아나셨고 먼저 갈릴리로 가시니 거기에서 제자들을 만나실 것이라는 소식을 제자들에게 전하라고 말입니다. 그러나 그 여인들은 겁에 질려서 도망치고 아무에게도, 아무 말도 하지 못합니다.

　여인들은 예수님께서 갈릴리에서 사역하실 때부터 예수님을 따라다니며 섬기던 사람들이었습니다(15:40-41). 남성 제자들이 모두 겁에 질려 제 살길 찾아 도망가버렸지만, 그래도 이 여인들은 예수님의 십자가 장소 근처까지 따라왔고, 예수님이 무덤에 안치되는 것도 봅니다. 게다가 첫 번째 부활절 아침에 예수님의 무덤까지 찾아왔으니 얼핏 보면 참으로 훌륭한 제자들처럼 보입니다. 그러나 과연 그런지 의문입니다.

　마가는 예수님께서 십자가에 달리셨을 때 이 여인들은 "멀찍이서" 지켜보고 있었다고 기록합니다(15:40). 도망가서 아예 나타나지도 않은 남성 제자들에 비하면 훨씬 용감하고 그나마 제자로서의 체면은 세웠지만, 그래도 그 여인들은 십자가에 달리신 예수님 곁을 지켜주지는 못합니다. 예수님이 무덤에 안치될 때 이 여인들이 하는 것은 그저 어디에 묻히는지 그 장소만 알 수 있도록 지켜보는 것뿐이었습니다(15:47). 도리어 용감하게 빌라도를 찾아가 시신을 요구하고 예를 갖추어 직접 장례를 치러준 것은 아리마대 사람 요셉입니다(15:42-47).

예수님께서 잡히시기 전날 제자들이 모두 모인 자리에서 그들에게 분명하게 일러두셨습니다. "내가 살아난 뒤에 너희보다 먼저 갈릴리로 갈 것이다"(14:28). 이뿐만 아니라 앞서 여러 차례 예수님은 죽음 이후의 부활에 관해 제자들에게 말씀하셨습니다. 예수님을 계속 따라다닌 제자들이었기에 이 여인들도 그 자리에서 그 말씀을 들었을 것입니다. 그러나 이 여인들은 예수님이 말씀하신 사흘 뒤에(10:34) 부활하신 예수님을 만나러 갈릴리로 가지 않고 무덤에 누워있는 예수님의 시신을 찾아 향유를 들고 무덤에 왔습니다. 이 여인들도 예수님의 부활을 믿지 않았던 것입니다. 그리고 흰 옷 입은 신비한 모습의 청년(아마도 천사일 듯합니다)이 갈릴리에서 만날 것이라는 그 약속을 떠올리게 해주는데 여인들은 이 소식을 제자들에게 전하지 않고 무서워서 떨며 아무에게 아무 말도 하지 못합니다(16:8).

사실 남성 제자들에 비하면 이 여성 제자들이 훨씬 제자다운 모습을 보이기는 합니다. 하지만 이 여성 제자들의 분량은 여기까지일 뿐, 온전한 제자의 모습으로 나아가지는 못합니다. 마가복음에는 다양한 인물이 등장합니다. 베드로를 비롯하여 이 여성들을 포함한 제자들 집단, 예수님을 따라다니던 무리, 예수님과 갈등을 벌이는 유대 지도자들 등 다양한 사람들이 있습니다. 예수님을 따라다니는 제자들과 무리들은 얼핏 보면 훌륭한 제자들인 듯 보이지만, 그들은 모두 예수님을 버리는 사람들입니다. 그러나 마가복음 곳곳에는 한 번 등장하고 사라지는 이름 없는 사람들 혹은 이름이 알려진 사람들이 나옵니다. 베드로의 장모,

아픈 친구를 예수님께로 데려오기 위해 지붕을 뚫었던 네 친구, 혈루증 앓던 여인, 군대 귀신 들린 남성, 수로보니게 출신의 한 여인, 귀신 들린 아이의 아버지, 디매오의 아들(바-디매오)이라고 하는 여리고의 한 남성, 향유를 부은 베다니의 한 여인이 있습니다. 혹은 이름이 알려진 사람으로는 예수님 대신 십자가를 진 시몬, 아리마대 출신의 요셉 등이 있습니다. 마가는 이런 사람들을 예수님의 은혜를 입은 사람들 혹은 참 제자의 모습을 보인 사람들로 제시합니다.

겉으로 보기에 미천하고 예수님 가까이에서 늘 함께 있지는 못하지만, 이들은 예수님에게 자신의 믿음을 보이기도 하고, 예수님으로부터 은혜를 입기도 하며, 예수님을 섬기고, 따르고, 복음을 전합니다. 마가복음에 등장하는 수많은 사람은 각각 길가, 돌밭, 가시덤불 혹은 옥토에 해당하는 사람입니다. 그가 얼마나 예수님 곁에 가까이 있었는지는 아무런 상관이 없습니다. 결정적인 순간에 과연 예수님에게 자신의 믿음을 증명해 보였는지, 그 믿음을 인정받았는지, 자신이 경험한 하나님 나라의 복음을 전했는지, 예수님을 진정으로 섬기고 따랐는지, 사람의 뜻을 포기하고 하나님의 뜻에 순종했는지에 따라 각기 자기가 어떤 땅에 해당하는지 정해집니다. 우리는 어떤 마음 밭을 가진 사람입니까?

# 미 주

1)   Johann Albrecht Bengelius, 1687~1752.

2) 사탄이 자기의 모습을 드러내지 않는다는 것은 웨슬리의 상상인 것 같다. 마태복음에서는 예수께서 사탄과 대화를 나누시기 때문에 사탄이 보이는 모습으로 나타났는데, 마가복음은 그러한 내용이 없으므로 이렇게 말한 듯하다.

3) 마태복음에서는 광야에서 40일을 금식한 후에 시험을 받으신 것으로 나오고, 마가복음에서는 광야에 머무시는 40일 동안 시험을 받으신 것으로 나온다는 말이다.

4) 이렇게 많은 무리가 예수를 추종했지만, 결국 모두 예수를 버린 것을 가리킨다.

5) 웨슬리는 그의 산상수훈 강해를 통해 죄와 죄인을 분리하는 것에 대해 말한 적이 있다. 그의 요지는 죄는 미워하지만, 죄인은 미워하지 말라는 것이다.

6) 예수를 잡으러 온 유대 지도자들과 같은 사람들에 비해 예수의 친척들은 진지하고 예수를 위하는 마음으로 그렇게 했다는 의미로 웨슬리는 이해한다. 이로써 웨슬리는 예수의 친척들에 대한 부정적 인상을 반감시킨다. 그러나 그의 이러한 마가복음 읽기는 적절하다고 보기 어렵다. 마가복음 안에서 예수의 친척들은 부정적인 모습을 갖기 때문이다.

7) 웨슬리는 24절을 다른 사람에 대한 판단이라는 맥락으로 해석하지 않고 25절과 연결하여 달란트 비유처럼 많이 남긴 자는 더 많이 받고 적게 남긴 자는 빼앗긴다는 맥락으로 해석한다. 여기에서 남긴다는 것은 말씀을 듣고 영혼에 유익이 되도록 하는 것을 가리키는 것으로 본다.

8) 열두 제자 중 하나인 야고보가 순교한 것은 주후 44년에 있었던 일이었다. 그러나 마가복음은 주후 65~70년 즈음에 기록되었다고 일반적으로 받아들여진다. 이 구절에서 마가가 요한이라고 쓰지 않고 야고보를 먼저 언급한 후에 야고보의 동생 요한이라고 쓴 이유를 웨슬리는 야고보가 더 유명했기 때문이라

고 설명한다.

9) 웨슬리는 마가복음을 이런 관점에서 바라보고 있지만, 사실 요한복음이 이런 설명에 더 적절하다. 예를 들어 요한복음 7장 30절을 보라.

10) 웨슬리의 논리는 이러하다: 예수께서는 그들이 어떤 증거를 받더라도 거부할 것이라는 점을 잘 알고 계셨다. 이런 사실을 잘 알면서도 그들에게 계속해서 증거를 보여준다면 이것은 그들이 더욱 악한 사람이 되게 하는 꼴이며, 결국 그들이 그 악에 대한 더 큰 형벌을 받게 할 뿐이다. 예수께서는 선하신 분이시기에 차마 그렇게는 할 수 없었다. 따라서 그분은 차라리 그들에게 더 이상 증거를 보여주는 것을 포기하셨다. 이것이 바로 예수의 지혜와 선하심에 대한 이유로 제시되는 논리이다.

11) 예수님 당시 그리스-로마 세계에서의 식사는 'ㄷ'자 형태로 둘러서 자리를 배치하고 왼쪽으로 비스듬히 누워서 오른손으로 음식을 집어 먹는 방식이었다. 따라서 좌석이라는 개념을 오늘날 식탁과 식탁 의자 형태로 볼 수 없으며, 좌석 아래로 물이 흘러가는 모습도 생각하기 어렵다.

12) 이런 해석은 마가복음보다 요한복음 저자의 이해에 더 가깝다. 요한복음 6장 15절을 보라.

13) 위의 5장 43절 주석을 보라.

14) 이런 관점은 1901년에 브레데(W. Wrede)가 말했던 '메시아의 비밀' 가설과 비슷하다. 또한 웨슬리의 『표준설교』 1번, "믿음으로 말미암은 구원"(Salvation by Faith)에서 예수께서 세상에 계실 동안 제자들이 가졌던 믿음에 대한 비판적 설명도 참고해보라(『표준설교』, 1.1.3-5).

15) 웨슬리가 말하고자 한 것을 문맥으로 미루어볼 때 "시인하지 않으면"이라고 고쳐야 할 것이다.

16) 11절("이에 예수께 묻자와 이르되 어찌하여 서기관들이 엘리야가 먼저 와야 하리라 하나이까?")의 질문에 대한 답변, 즉 모든 것을 회복하기 위해서.

17) 즉, 메시아가 아무런 일도 없이 그냥 영원히 있을 것이라는 생각이 잘못된 것이며, 메시아는 수난의 과정을 거쳐야 한다는 것.

18) 14절에서 이들이 제자들과 변론하고 있으며, 예수께서 나타나시자 다시금 이 문제를 제기한다.

19) 빌립보서 1장 12-26절.

20) 웨슬리의 『표준설교』 34번, "관용의 정신"을 보라.

21) cf. 다니엘 12장 3절.

22) 웨슬리의 『표준설교』 33번, "편협한 신앙에 대한 경고"를 보라. 또한 웨슬리의 글, "이성적이며 종교적인 사람들에게 보내는 진지한 호소"(An Earnest Appeal to Men of Reason and Religion, 1744)도 보라.

23) 『표준설교』 18, "우리 주님의 산상수훈에 대하여 – 강해 3"을 보라(18.1.4).

24) 즉, 첫째로 우리가 하나님과 관계를 유지하는 데 있어서 어떤 사람이 방해된다면 그 관계를 정리하고, 둘째로 어떤 물건이 그렇게 방해한다면 그 물건을 정리하라는 것이다.

25) "네 손이 너로 범죄케 하거든 손을 잘라버리고, 네 눈이 너로 범죄하게 하거든 빼어버리라"는 말씀을 언급한 것임.

26) 웨슬리가 지적하는바, 부자가 되는 것의 문제는 재물 그 자체에 있는 것이 아니라 그 재물을 의지하려는 습성이다. 즉, 부자가 천국에 들어가기 어려운 이유는 재물은 자기를 소유한 사람이 자기를 의지하도록 만드는 힘을 가지고 있기 때문이다.

27) 이 땅에서 예수를 따르느라 집을 포기하면 현세와 내세에서 그런 집을 백 배나 받는다는 말이 아니다. 만일 그렇다면 예수를 따르는 것은 이 세상에서 부자가 되는 가장 손쉬운 투자 방법일 것이다. 따라서 이러한 웨슬리의 해석은 매우 적절하다.

28) 웨슬리는 디아테사론적으로 이렇게 재구성하였는데, 이러한 방식은 마가복음 자체가 가지는 메시지의 의미를 훼손하는 결과를 가져온다.

29) 웨슬리는 잔을 심적인 고통, 세례를 외적·물리적으로 드러나는 고통이라고 해석하지만, 이러한 알레고리적 해석에는 어떤 근거가 없다. 어쩌면 잔의 물은 몸 안으로 들어가고, 세례의 물은 몸 바깥으로 흘러내리기 때문에 그런 생각을 했을 수도 있다.

30) 열매를 기대할 때라는 웨슬리의 이런 해석은 적절하지 않다. 마가는 분명하게 지금이 무화과의 철이 아니라고 밝히고 있기 때문이다. 마가가 무화과 열매를 기대할 수 있는 때가 아님에도 예수께서 열매를 구하셨고 그 나무를 저주하셨다고 전하는 이유는 예수께서 하신 행동이 모순된 행동임을 보여주고자 하는 것이다. 이를 통해서 독자들이 예수께서 하신 행위 이면에 어떤 상징적인 의미나 의도가 담겨있을 것이라는 점을 생각하도록 유도한다. 즉, 예수께서 열매가 없는 무화과나무를 말라 죽게 하신 행동은 열매를 맺지 못하는 예루살렘 성전

제의를 향한 상징적 행위였다. 이런 메시지를 전달하기 위해, 즉 무화과나무와 예루살렘 성전을 서로 연결해서 보도록 하려고 마가는 무화과나무 사건 중간에 예수께서 성전에 들어가셔서 장사꾼들을 쫓아내시는 이야기를 삽입했다.

31) 도덕법(moral law)과 의식법(ceremonial law)에 관해서는 『표준설교』 29번, "율법의 기원, 본성 그리고 쓰임새"를 보라. 웨슬리는 태초에 하나님께서 인간의 마음에 새겨두신 이상적인 율법은 '도덕법'이며, 이것은 인간을 향한 하나님의 마음이라고 말한다. 따라서 이 율법(도덕법)은 폐해서는 안 되는, 거룩하고 바람직하고 선한 법을 뜻한다. 이 '도덕법'을 바람직한 사회생활을 위한 윤리라는 개념으로 이해하면 안 된다.

32) 그때를 아들도 모른다는 말은 초기 기독교인들에게는 매우 당혹스러운 것이었다. 사람이나 천사는 몰라도 하나님이신 예수께서 모르신다는 것은 논리적으로 맞지 않는 것이기 때문이었다. 따라서 일부 사본에서는 '아들도 모르고'라는 구절을 삭제했다. 그러나 웨슬리는 예수를 참 하나님이신 예수와 참 인간이신 예수로 구분하여 이 논리적 모순을 해결한다.

33) 마가복음의 독자들은 아람어에 익숙하지 않은 사람들이었다. 따라서 마가는 이들을 위해 종종 아람어를 번역한다(예: 5:41 달리다 쿰 - 소녀야 일어나라; 8:34 에바다 - 열리라; 15:34 엘로이 엘로이 레마 사박다니 - 나의 하나님, 나의 하나님, 어찌하여 나를 버리셨습니까 등). 그러나 아멘이나 아바라는 단어는 초기 기독교인들에게 익숙한 단어였기에 마가가 독자들을 배려해서 '아버지'라는 번역을 붙여놓았는지는 확실하지 않다.

34) Jayhoon Yang, "Identification and Characterization of Mary in Mark's Gospel," 「신학논단」 74 (2013): 353-385.

35) 마가복음은 원래 16장 8절에서 끝나며(시내 사본, 바티칸 사본) 16장 9절 이하는 2세기에 추가된 것이다. 9절 이하에 추가된 것은 대표적으로 세 개의 사본이 있는데, 현재 9-20절까지를 가리켜서 긴 끝이라고 하고, 두 절 정도의 짧은 내용으로 이루어진 것은 짧은 끝이라고 부른다. 짧은 끝은 여인들이 명령받은 모든 이야기를 베드로와 다른 제자들에게 전해주었고 예수님이 나타나셔서 직접 복음을 전하도록 명하시는 내용으로 되어있다. 프리어 로기온이라고 불리는 사본은 14절과 15절 사이에 약 한 문단 정도의 내용이 추가된 것인데, 그 내용은 부활하신 예수님이 제자들에게 나타나셔서 그들을 책망하시자 제자들이 자신들의 어려움을 호소하는 내용이다.

36) 웨슬리는 『표준설교』 39번, "신생"에서 세례와 구원의 관계에 대한 이러한 점을

분명히 밝히고 있다.

37) 웨슬리『표준설교』33번, "편협한 신앙에 대한 경고"에서 웨슬리는 기적에 대한 마귀의 전략에 대해 잘 논하고 있다. 33.1.1-4를 보라(특히 3,4 부분).